recettes d'été

recettes d'été

MARABOUT

sommaire

Hors-d'œuvre

Houmous à la betterave

Pour 700 g environ

1 oignon haché
80 ml d'huile d'olive
450 g de betterave cuite et mixée
220 g d'houmous prêt à l'emploi
2 gousses d'ail pilées
1 c. s. de cumin moulu
1 à 2 c. s. de jus de citron
sel et poivre du moulin

1 Dans une poêle, faites revenir l'oignon 3 minutes avec 1 cuillerée d'huile, sans le laisser dorer.

2 Mettez l'oignon, la purée de betterave, l'houmous, l'ail, le cumin et le jus de citron dans le bol du robot et mixez jusqu'à obtention d'une pâte lisse.

3 Transférez le mélange dans un grand bol, salez et poivrez puis arrosez avec le reste d'huile d'olive et mélangez bien. Réservez au frais jusqu'au moment de servir.

PRATIQUE Proposez ce dip à l'apéritif, avec du pain grillé ou des chips de maïs.

Galettes au fromage et au piment

Pour 26 pièces

155 g de farine
1 pincée de graines de moutarde en poudre
90 g de beurre en gros dés
60 g de cheddar râpé
4 piments épépinés et émincés
1 jaune d'œuf

1 Mélangez dans un récipient la farine, la moutarde et le beurre puis travaillez le tout du bout des doigts pour obtenir une pâte grossière. Ajoutez le fromage et les piments, puis le jaune d'œuf et 1 cuillerée à soupe d'eau. Pétrissez la préparation pour obtenir une pâte lisse. Formez une boule, enveloppez-la de film alimentaire et laissez-la 30 minutes au réfrigérateur.

2 Préchauffez le four à 190 °C. Abaissez la pâte à 5 mm d'épaisseur sur une surface farinée et détaillez-la en disques de 5 cm de diamètre.

3 Étalez les disques sur une plaque de cuisson légèrement huilée et faites cuire 15 à 20 minutes au four, jusqu'à ce que les galettes soient dorées. Laissez refroidir à température ambiante.

Tzatziki

Pour 700 g environ

2 mini-concombres
gros sel
400 g de yaourt grec nature
4 gousses d'ail pilées
3 c. s. de menthe ciselée
1 c. s. de jus de citron
sel et poivre du moulin

1 Coupez les concombres en deux dans la longueur et épépinez-les à l'aide d'une cuillère. Râpez-les grossièrement avec la peau et mettez-les dans une passoire. Saupoudrez de sel et laissez dégorger 15 minutes au-dessus d'un saladier.

2 Pendant ce temps, mélangez le yaourt, l'ail pilé, la menthe et le jus de citron dans un grand bol.

3 Rincez le concombre à l'eau froide et essorez-le par petites poignées. Ajoutez-le au yaourt, salez et poivrez. Servez immédiatement ou réservez au réfrigérateur jusqu'au moment de servir.

PRATIQUE On sert souvent le tzatziki avec du pain pita ou du pain turc, mais il accompagne également très bien les fruits de mer ou la viande froide. Il se conserve trois jours au réfrigérateur.

Palmiers au piment

Pour 36 pièces

135 g de tahini
1 piment rouge épépiné et émincé
1/2 c. c. de paprika
2 abaisses rectangulaires de pâte feuilletée

1 Préchauffez le four à 200 °C. Mélangez le tahini, le piment et le paprika. Étalez la moitié de ce mélange sur chaque rouleau de pâte.

2 Enroulez la pâte en partant de deux côtés opposés pour qu'ils se rejoignent au milieu. Rabattez ces deux moitiés l'une sur l'autre et réservez 5 minutes au réfrigérateur.

3 Découpez les rouleaux en tronçons de 1,5 cm et disposez les palmiers ainsi obtenus sur une plaque de cuisson chemisée de papier sulfurisé.

4 Faites cuire les palmiers au four 8 minutes, retournez-les et prolongez la cuisson encore 2 minutes, pour qu'ils soient bien dorés.

Gâteau roulé aux condiments et aux fruits secs

Pour 8 personnes

35 g de pistaches décortiquées
250 g de fromage frais
50 g d'abricots secs finement hachés
3 oignons nouveaux finement hachés
45 g de tomates séchées conservées dans l'huile, égouttées et finement hachées
poivre noir du moulin
10 g de persil plat ciselé

1 Préchauffez le four à 200 °C. Étalez les pistaches sur une plaque de cuisson chemisée de papier sulfurisé et faites-les dorer 5 minutes au four. Laissez-les refroidir quelques minutes avant de les concasser.

2 Lissez le fromage frais au fouet électrique. Incorporez les abricots, l'oignon, les tomates séchées. Poivrez et mélangez bien.

3 Formez un rouleau de 20 cm de long avec cette préparation puis passez-le dans les pistaches et le persil préalablement mélangés. Enveloppez le rouleau de film alimentaire et laissez raffermir au réfrigérateur.

Dolmas

Pour 42 pièces

275 g de feuilles de vigne en saumure
185 ml d'huile d'olive
2 oignons finement hachés
165 g de riz rond
6 oignons nouveaux finement hachés
20 g d'aneth ciselé
1 c. s. de menthe ciselée
1 c. s. de jus de citron

1 Rincez les feuilles de vigne sous l'eau froide, mettez-les à tremper dans de l'eau chaude pendant 1 heure puis égouttez-les.

2 Faites chauffer 125 ml d'huile d'olive dans une poêle et faites-y revenir l'oignon 5 minutes à feu doux. Retirez du feu, couvrez et laissez reposer 5 minutes. Ajoutez le riz, l'oignon nouveau, l'aneth, la menthe et le jus de citron.

3 Étalez une feuille de vigne sur une assiette, les nervures sur le dessus. Déposez 3 cuillerées à café de farce au centre de la feuille et repliez-la de toutes parts. Confectionnez de la sorte 42 dolmas.

4 Tapissez le fond d'une grande casserole avec le reste des feuilles de vigne, disposez dessus les dolmas en deux couches et arrosez-les avec le reste d'huile. Couvrez avec une assiette plate pour éviter qu'elles ne remontent à la surface et couvrez avec 375 ml d'eau. Portez à ébullition puis laissez frémir 45 minutes. Retirez l'assiette et sortez les dolmas avec une écumoire. Servez chaud ou froid.

Tapenade aux anchois

Pour 500 g environ

400 g d'olives grecques dénoyautées
2 gousses d'ail écrasées
2 filets d'anchois à l'huile égouttés
2 c. s. de câpres au naturel égouttées
2 c. c. de thym frais haché
2 c. c. de moutarde de Dijon
1 c. s. de jus de citron
60 ml d'huile d'olive
1 c. s. de cognac (facultatif)

1 Mettez les olives, l'ail écrasé, les anchois, les câpres, le thym haché, la moutarde de Dijon, le jus de citron, l'huile d'olive et le cognac dans votre robot et mixez jusqu'à obtention d'une pâte lisse. Salez, poivrez avec du poivre noir fraîchement moulu.

2 Versez le mélange dans un récipient chaud et sec, nappez d'huile d'olive, couvrez ; la tapenade se conserve au réfrigérateur pendant une semaine au maximum. Servez sur des tranches de pain de campagne grillées.

PRATIQUE Au réfrigérateur, l'huile d'olive peut se solidifier et prendre une couleur blanche opaque. Cette réaction est naturelle et n'a aucune incidence sur la saveur de la préparation. Sortez le récipient du réfrigérateur avant de servir pour que l'huile d'olive retrouve son état liquide.

ASTUCE Pour utiliser un récipient parfaitement sec, préchauffez le four à 120 °C. Nettoyez soigneusement le récipient et son couvercle à l'eau chaude savonneuse, puis rincez à l'eau chaude. Posez le récipient sur une plaque de cuisson et mettez-le au four 20 minutes avant utilisation, jusqu'à ce qu'il soit sec.

Salade chinoise au riz et aux crevettes

Pour 4 à 6 personnes

1 laitue
1 kg de crevettes décortiquées
1 c. s. d'huile d'arachide
1 c. c. d'huile de sésame
2 oignons nouveaux finement hachés
2 gousses d'ail pilées
1 morceau de gingembre frais pelé et râpé
120 g de châtaignes d'eau égouttées et hachées
1 c. s. de piment rouge haché
sel et poivre du moulin
185 g de riz blanc cuit
90 g de germes de soja épluchés
25 g de feuilles de coriandre ciselées
2 c. s. de sauce de soja
2 c. s. de sauce d'huître
2 c. s. de jus de citron vert
60 ml de sauce hoisin

1 Lavez la laitue et détachez les feuilles. Essorez-les puis égouttez-les soigneusement sur du papier absorbant.

2 Découpez les crevettes en petits morceaux. Faites chauffer un wok, versez l'huile d'arachide et l'huile de sésame en inclinant le wok pour en tapisser le fond puis faites revenir l'oignon nouveau, l'ail et le gingembre pendant 30 secondes avant d'incorporer les crevettes, les châtaignes d'eau et le piment. Salez et poivrez. Laissez revenir encore 2 minutes. Ajoutez le riz, les germes de soja et la coriandre. Mélangez bien sur le feu.

3 Versez la sauce de soja, la sauce d'huître et le jus de citron puis retirez la préparation du feu. Transférez-la dans un saladier de service. Disposez les feuilles de laitue sur une assiette et garnissez-les de salade tiède. Servez avec la sauce hoisin.

Skordalia

Pour 600 g environ

400 g de pommes de terre pelées et coupées en morceaux
2 tranches de pain blanc
60 g d'amandes en poudre
3 gousses d'ail pilées
2 c. s. de vinaigre de cidre
80 ml d'eau
60 ml d'huile d'olive

1 Faites cuire les pommes de terre à l'eau ou à la vapeur puis égouttez-les. Écrasez-les en purée dans un récipient et couvrez pour les maintenir au chaud.

2 Retirez la croûte du pain et faites tremper les tranches dans un bol d'eau puis égouttez-les en pressant fermement.

3 Mixez le pain, les amandes, l'ail, le vinaigre et l'eau jusqu'à obtention d'un mélange homogène. Versez l'huile en filet sans cesser de mixer jusqu'à épaississement de la préparation. Mélangez avec la purée.

PRATIQUE D'origine grecque, cette sauce accompagne viandes, poissons ou légumes.

Crackers aux graines de lin

Pour 24 pièces

125 g de farine
1/2 c. c. de levure
1/2 c. c. de sucre
1/2 c. c. de sel
poivre du moulin
2 c. s. de graines de lin
60 ml de lait
2 c. s. d'huile d'olive

1 Préchauffez le four à 200 °C. Mélangez la farine, la levure, le sucre et le sel, poivrez généreusement et incorporez les graines de lin. Versez progressivement le lait et l'huile en travaillant la préparation à la spatule pour obtenir une pâte grumeleuse. Ajoutez un peu de lait si le mélange est trop sec.

2 Ramassez la pâte en boule sur une surface farinée puis divisez-la en deux portions. Abaissez chaque portion à 3 mm d'épaisseur, entre deux feuilles de papier sulfurisé, puis piquez la pâte à la fourchette. Découpez 12 triangles dans chaque abaisse et disposez-les en une seule couche sur une plaque de cuisson légèrement huilée.

3 Faites cuire 15 à 20 minutes au four : la base des crackers doit être légèrement dorée. Retournez-les et remettez-les 4 à 5 minutes au four pour qu'ils dorent sur l'autre côté. Laissez refroidir sur une grille en métal.

VARIANTE Vous pouvez remplacer les graines de lin par des graines de pavot ou de sésame.

Falafels

Pour 30 pièces

350 g de pois chiches secs
1 oignon finement haché
2 gousses d'ail pilées
2 c. s. de persil frais haché
1 c. s. de coriandre fraîche hachée
2 c. c. de cumin moulu
1/2 c. c. de levure
huile végétale pour la friture

1 Faites tremper les pois chiches dans 750 ml d'eau pendant 12 heures au moins. Égouttez-les, puis mixez-les au robot pendant 30 secondes, jusqu'à ce qu'ils soient finement hachés.

2 Ajoutez l'oignon, l'ail, le persil, la coriandre, le cumin, la levure, 1 cuillerée à soupe d'eau, du sel et du poivre, puis mixez 10 secondes, jusqu'à ce que le mélange forme une pâte grossière. Couvrez et laissez reposer 30 minutes.

3 Prélevez plusieurs cuillerées à soupe de pâte et façonnez des boulettes à la main. Éliminez l'excédent de liquide en pressant. Versez de l'huile végétale dans une sauteuse jusqu'au tiers de sa hauteur et faites-la chauffer à 180 °C. Pour contrôler la température, plongez un morceau de pain dans l'huile : celui-ci doit dorer en 15 secondes. Plongez les boules de pâte dans l'huile et faites-les frire 3 à 4 minutes, en plusieurs fois. Lorsque les falafels sont dorés, prélevez-les avec une grande écumoire. Égouttez-les soigneusement. Servez avec du pain libanais, du taboulé et de l'houmous.

Chaussons à la feta

Pour 24 pièces

400 g de feta
2 œufs légèrement battus
25 g de persil plat ciselé
sel et poivre du moulin
375 g de pâte filo
80 ml d'huile d'olive

1 Préchauffez le four à 180 °C. Graissez légèrement une plaque de cuisson. Émiettez la feta dans un saladier puis ajoutez les œufs et le persil. Salez et poivrez à votre convenance.

2 Couvrez la pâte filo d'un torchon humide pour éviter qu'elle ne sèche pendant que vous préparez les chaussons. Badigeonnez chaque feuille d'un peu d'huile puis empilez quatre feuilles et découpez le tout en quatre bandes de 7 cm de large.

3 Déposez 2 cuillerées à café bien pleines de préparation à la feta en bas d'une des bandes de pâte puis rabattez la pâte en biais plusieurs fois pour former un triangle. Répétez l'opération avec les bandes de pâte restantes, puis avec les autres feuilles de pâte, de manière à confectionner 24 chaussons. Disposez ensuite ces derniers en une seule couche sur la plaque de cuisson, badigeonnez-les d'huile d'olive et faites-les cuire 20 minutes au four. Servez chaud.

PRATIQUE Ces chaussons se servent en hors-d'œuvre avec des dolmas (voir p. 18), du tzatziki (voir p. 13), des poivrons grillés, etc.

Saumon gravlax à la russe

Pour 10 personnes

1 c. c. de grains de poivre noir
60 g de sucre
2 c. s. de gros sel de mer
1 saumon frais (2,5 kg)
détaillé en quatre filets,
sans arête mais avec la peau
1 c. s. de vodka
4 c. s. d'aneth frais ciselé très fin

Sauce à l'aneth
4 c. c. de vinaigre de cidre
1 c. c. de sucre en poudre
125 ml d'huile d'olive
2 c. c. d'aneth frais ciselé
2 c. s. de moutarde de Dijon

1 Mélangez le poivre, le sucre, le sel et la moitié de l'aneth dans un bol. Déposez deux filets de saumon sur la peau dans un grand plat rectangulaire. Répartissez la moitié de la vodka puis la moitié du mélange au sucre sur les filets. Répétez l'opération avec les filets restants et le reste de vodka et de mélange au sucre puis disposez-les dans le plat de manière à reformer un saumon entier. Enveloppez de film alimentaire, posez un poids dessus et conservez 24 heures au réfrigérateur, en retournant le poisson au bout de 12 heures.

2 Pour la sauce, battez ensemble le vinaigre, le sucre, l'huile, l'aneth et la moutarde. Réservez au frais.

3 Au moment de servir, retirez le film alimentaire, étalez les filets de saumon sur une planche et frottez la chair avec un pinceau sec pour retirer les résidus de poivre et de sucre restés à la surface. Saupoudrez avec le reste d'aneth en pressant du bout des doigts pour le faire adhérer. Avec un couteau à lame souple bien aiguisé, détaillez le saumon en tranches fines, en travaillant en biais vers la queue. Servez accompagné de sauce moutarde et de pain noir.

Caviar d'aubergine et de poivron grillés

Pour 500 g environ

450 g d'aubergines coupées en deux
2 c. c. d'huile d'olive
1 poivron rouge coupé en deux
2 gousses d'ail pilées
15 g de menthe fraîche ciselée
3 c. c. de vinaigre balsamique
sel et poivre du moulin

1 Préchauffez le four à 200 °C. Badigeonnez d'huile les aubergines et la peau du poivron, étalez-les sur une plaque de cuisson et faites-les rôtir au four 30 à 35 minutes (retirez le poivron dès que la peau commence à noircir et les aubergines quand la chair est bien tendre).

2 Mettez le poivron dans un sac alimentaire et laissez-le refroidir avant de retirer la peau et de le couper grossièrement.

3 Quand les aubergines ont refroidi, récupérez la chair à la petite cuillère et mettez-la dans le bol du robot avec le poivron, l'ail, la menthe et le vinaigre balsamique. Salez et poivrez. Mixez en purée.

PRATIQUE Servez avec du pain grillé, des dolmas (voir p. 18) et des falafels (voir p. 29).

Bruschette

Pour 8 personnes

4 olivettes coupées en dés
80 ml d'huile d'olive
1 c. s. de vinaigre balsamique
2 c. s. de basilic ciselé
8 tranches de pain de campagne
1 gousse d'ail pelée
basilic ciselé en supplément
pour décorer

1 Mélangez les tomates, l'huile d'olive, le vinaigre et le basilic.

2 Faites griller le pain d'un seul côté et frottez cette face avec l'ail pelé. Garnissez-le aussitôt du mélange à la tomate et décorez de basilic ciselé. Servez immédiatement.

Fingers de pommes de terre

Pour 48 pièces

6 pommes de terre à chair ferme
1 c. s. d'huile végétale
25 g de chapelure
2 c. c. de ciboulette ciselée
1 c. c. de sel au céleri
1/4 c. c. d'ail séché en poudre
1/2 c. c. de romarin ciselé

1 Préchauffez le four à 200 °C. Coupez les pommes de terre en huit quartiers et badigeonnez-les d'huile.

2 Mélangez dans un grand récipient la chapelure, la ciboulette, le sel au céleri, l'ail séché et le romarin. Ajoutez les quartiers de pommes de terre et remuez bien pour les enrober de ce mélange. Disposez-les ensuite sur une plaque de cuisson légèrement huilée et faites-les rôtir 40 minutes.

Soupe froide aux amandes

Pour 4 à 6 personnes

200 g de pain de campagne
en tranches, sans la croûte
155 g d'amandes entières blanchies
3 à 4 gousses d'ail hachées
125 ml d'huile d'olive
80 ml de vinaigre de Xérès
375 ml de bouillon de légumes
sel et poivre du moulin
2 c. s. d'huile d'olive en supplément
75 g de pain de campagne
en dés de 1 cm
200 g de grains de raisin blanc

1 Faites tremper les tranches de pain dans l'eau froide pour les ramollir puis pressez-le pour en extraire toute l'eau. Mettez les amandes et l'ail dans un grand bol et broyez-les finement. Ajoutez le pain et mixez jusqu'à obtention d'une pâte lisse.

2 Battez ce mélange au fouet électrique en versant progressivement l'huile pour obtenir une préparation épaisse. Incorporez alors lentement le vinaigre et 315 ml de bouillon, sans cesser de battre. Salez et poivrez. Réservez au moins 2 heures au réfrigérateur. Cette soupe a tendance à épaissir en refroidissant ; rajoutez au besoin un peu du bouillon restant au moment de servir.

3 Faites chauffer l'huile d'olive en supplément dans une poêle et faites dorer les croûtons. Égouttez-les sur du papier absorbant. Servez la soupe bien froide, accompagnée de grains de raisin et de croûtons.

Salade de crevettes à la mangue et aux noix de macadamia

Pour 4 personnes

1 cœur de trévise
25 g de feuilles de basilic grossièrement ciselées
30 g de cresson
24 crevettes cuites décortiquées, avec les queues
3 c. s. d'huile d'olive
3 c. s. d'huile de noix
150 g de noix de macadamia concassées
2 gousses d'ail pilées
3 c. s. de jus de citron
1 mangue bien mûre, découpée en petits dés
sel et poivre du moulin

1 Nettoyez la trévise pour ne garder que les feuilles roses et tendres du cœur. Coupez les grandes feuilles en deux et disposez-les dans un plat de service creux. Répartissez dessus la moitié des feuilles de basilic et le cresson. Mélangez délicatement. Disposez les crevettes sur la salade.

2 Faites chauffer l'huile d'olive et l'huile de noix dans une poêle et laissez dorer les noix de macadamia 5 minutes. Incorporez l'ail et laissez cuire 30 secondes puis retirez du feu. Ajoutez le jus de citron et la mangue. Salez et poivrez. Versez cette sauce sur la salade. Décorez avec le reste de basilic.

Salade de poires et de noix, sauce au bleu

Pour 4 personnes

Sauce au bleu
100 g de fromage à pâte persillée
60 ml d'huile d'olive
1 c. s. d'huile de noix
1 c. s. de jus de citron
1 c. s. de crème
2 c. c. de sauge ciselée
sel et poivre du moulin

100 g de cerneaux de noix
4 petites poires mûres
2 c. s. de jus de citron
2 endives épluchées et détaillées en feuilles
100 g de copeaux de parmesan

1 Pour la sauce, fouettez rapidement le fromage puis ajoutez progressivement l'huile d'olive, l'huile de noix et le jus de citron sans cesser de battre. Versez 2 cuillerées à café d'eau chaude puis incorporez la crème et la sauge. Salez et poivrez.

2 Préchauffez le gril du four. Mettez les noix dans un saladier et couvrez-les d'eau bouillante. Laissez tremper 1 minute puis égouttez. Répartissez les noix sur une plaque de cuisson et faites-les griller 3 minutes au four avant de les concasser.

3 Détaillez les poires en tranches fines. Ôtez les pépins. Arrosez chaque poire d'un peu de jus de citron pour qu'elle garde sa couleur. Disposez trois tranches de poire sur chaque assiette. Garnissez de noix concassées, de feuilles d'endive et de copeaux de parmesan. Rajoutez quelques tranches de poire puis à nouveau des feuilles d'endive et des noix. Terminez par le parmesan avant de verser un peu de sauce sur ce mélange. Servez aussitôt.

Salade de crevettes aux pommes de terre safranées

Pour 4 personnes

16 crevettes crues
80 ml d'huile d'olive
450 g de petites pommes de terre nouvelles coupées en deux
1/4 de c. c. de filaments de safran
sel et poivre du moulin
1 gousse d'ail pilée
1 piment rouge épépiné et émincé
1 c. c. de zeste de citron râpé
60 ml de jus de citron vert
200 g de pousses de roquette

1 Préchauffez le four à 180 °C. Décortiquez les crevettes, enlevez la veine dorsale et gardez les queues.

2 Dans une poêle, faites dorer les pommes de terre dans 2 cuillerées à soupe d'huile. Transférez-les dans un plat à gratin et enrobez-les de safran. Salez et poivrez puis faites-les cuire 25 minutes au four.

3 Préchauffez un gril en fonte. Mélangez les crevettes avec l'ail, le piment, le zeste de citron et 1 cuillerée à soupe d'huile dans un saladier. Faites griller les crevettes 2 minutes de chaque côté, jusqu'à ce qu'elles soient uniformément roses.

4 Mélangez le jus de citron et le reste d'huile dans un bol. Salez et poivrez. Disposez les pommes de terre sur une assiette, garnissez de roquette et de crevettes. Nappez de sauce et servez aussitôt.

Carpaccio de saumon

Pour 4 personnes

3 tomates bien mûres
1 c. s. de petites câpres rincées et égouttées
1 c. s. d'aneth ciselé
500 g de saumon frais détaillé en tranches très fines
1 c. s. d'huile d'olive vierge, extra
1 c. s. de jus de citron vert
sel et poivre du moulin

1 Incisez la base des tomates et mettez-les dans un saladier. Couvrez-les d'eau bouillante et laissez-les 3 minutes, jusqu'à ce que la peau se fende. Égouttez-les, plongez-les dans l'eau froide puis égouttez-les à nouveau avant de les peler. Coupez les tomates en deux, épépinez-les avec une petite cuillère et détaillez la chair en petits dés. Mettez ces derniers dans un saladier avec les câpres et l'aneth.

2 Répartissez le saumon sur les assiettes de service en faisant légèrement se chevaucher les tranches.

3 Déposez 1 belle cuillerée à soupe de salade de tomate au centre de l'assiette. Mélangez l'huile d'olive et le jus de citron, salez et poivrez. Versez cette sauce en filet sur le saumon et sur la salade. Servez aussitôt avec du pain de campagne.

PRATIQUE Demandez à votre poissonnier de découper le saumon en tranches car c'est une opération assez délicate à réussir. Servez le carpaccio dans les heures qui suivent car le poisson cru doit être consommé très frais.

Salade aux artichauts et au jambon cru

Pour 4 personnes

4 artichauts
20 g de chapelure fraîche
25 g de parmesan râpé
sel et poivre du moulin
2 œufs légèrement battus
huile d'olive pour la friture, plus 1 c. s. en supplément
8 tranches de jambon cru
3 c. c. de vinaigre de vin blanc
1 gousse d'ail pilée
150 g de roquette sans les tiges
fleur de sel

1 Portez à ébullition un grand volume d'eau. Supprimez les feuilles dures des artichauts, épluchez les queues et coupez-les à 3 cm de la base. Découpez les artichauts en quatre et enlevez le foin. Faites-les blanchir 2 minutes dans l'eau bouillante puis égouttez-les.

2 Mélangez dans une assiette creuse la chapelure et le parmesan râpé. Salez et poivrez. Plongez un à un les quartiers d'artichaut dans l'œuf battu avant de les rouler dans la chapelure. Versez 2 cm d'huile dans une sauteuse et faites-la chauffer puis faites frire les artichauts en plusieurs fois, 2 à 3 minutes, pour qu'ils soient dorés de toutes parts. Égouttez-les sur du papier absorbant.

3 Faites chauffer le reste d'huile dans une poêle antiadhésive et faites revenir le jambon 2 minutes pour qu'il soit doré et croustillant. Retirez-le de la poêle.

4 Mélangez l'huile de cuisson du jambon avec le vinaigre et l'ail dans un bol. Salez et poivrez. Mettez la roquette dans un saladier, versez la moitié de la sauce et mélangez bien. Répartissez-la sur les assiettes de service puis disposez les artichauts et le jambon. Assaisonnez avec le reste de sauce et saupoudrez de fleur de sel.

Feuilletés aux crevettes

Pour 4 pièces

Mayonnaise au citron
1 jaune d'œuf
1/2 c. c. de moutarde de Dijon
1 pincée de sucre
1 c. c. de vinaigre de cidre
1 c. c. de zeste de citron râpé
1 c. s. de jus de citron
sel et poivre du moulin
185 ml d'huile de tournesol

2 rouleaux de pâte feuilletée
750 g de crevettes cuites
75 g de roquette
1/2 petit oignon rouge
détaillé en fines rondelles
2 c. s. de câpres rincées et égouttées
1 c. s. de persil plat ciselé

1 Préchauffez le four à 200 °C et chemisez deux plaques de cuisson de papier sulfurisé. Pour la mayonnaise au citron, battez le jaune d'œuf, la moutarde, le sucre, le vinaigre, le zeste et le jus de citron dans un bol. Salez et poivrez. Sans cesser de battre, versez l'huile en filet mince pour que la mayonnaise prenne.

2 Découpez quatre rectangles dans chaque rouleau de pâte et disposez-les en une seule couche sur les plaques de cuisson. Faites-les cuire 15 minutes au four, jusqu'à ce que la pâte ait gonflé. Laissez reposer 2 minutes avant de les mettre à refroidir sur une grille.

3 Décortiquez les crevettes, retirez la veine dorsale et coupez-les en deux dans la longueur. Mélangez la roquette, l'oignon, les câpres et le persil dans un saladier. Répartissez la moitié de cette garniture sur les assiettes de service, ajoutez la moitié des crevettes puis un peu de mayonnaise. Recouvrez avec un feuilleté puis garnissez de nouveau avec le reste de salade et de crevettes. Terminez par les feuilletés restants. Vous pouvez également disposer les feuilletés sur les bords de l'assiette pour éviter qu'ils ne ramollissent avec la mayonnaise.

Gâteaux de ricotta au poivron rouge

Pour 6 personnes

1 gros poivron rouge épépiné et coupé en quartiers
750 g de ricotta allégée
1 œuf
6 tranches de pain complet

Pesto
2 c. s. de pignons de pin
100 g de basilic
2 gousses d'ail
2 c. s. d'huile d'olive
sel et poivre du moulin
2 c. s. de parmesan finement râpé

1 Faites griller les morceaux de poivron quelques minutes au four jusqu'à ce que la peau noircisse puis mettez-les à refroidir dans un saladier en les couvrant de film alimentaire. Pelez-les et découpez-les en lanières de 2 cm de large.

2 Pour le pesto, mixez les pignons, le basilic et l'ail puis versez progressivement l'huile, sans cesser de mixer. Salez et poivrez avant d'ajouter le parmesan.

3 Préchauffez le four à 180 °C. Graissez six moules à muffins.

4 Mélangez intimement la ricotta et l'œuf. Salez et poivrez. Étalez les lanières de poivron au fond des moules, garnissez de pesto (réservez-en un peu pour le service) puis versez le mélange ricotta-œuf. Faites cuire 35 à 40 minutes au four. La ricotta doit être ferme et dorée. Laissez refroidir avant de démouler.

5 Faites griller les tranches de pain puis découpez-les en bâtonnets. Servez les timbales avec les toasts agrémentés du reste de pesto.

Salade de noix de Saint-Jacques au safran

Pour 4 personnes

1 pincée de filaments de safran
60 g de mayonnaise
4 c. c. de crème fraîche
1 c. c. de jus de citron
20 noix de Saint-Jacques et leur corail
25 g de beurre
1 c. s. d'huile d'olive
100 g de salade mélangée
50 g de cerfeuil

1 Mélangez les filaments de safran avec 2 cuillerées à soupe d'eau chaude et laissez infuser 10 minutes. Incorporez alors la mayonnaise en mélangeant bien puis ajoutez la crème et le jus de citron. Réservez au réfrigérateur.

2 Nettoyez soigneusement les noix de Saint-Jacques. Faites chauffer le beurre et l'huile dans une grande poêle et saisissez les noix 1 minute de chaque côté.

3 Mélangez la salade et le cerfeuil puis répartissez le tout sur les assiettes de service. Disposez les noix de Saint-Jacques dessus. Nappez de sauce au moment de servir.

Salade de chèvre chaud à l'orange

Pour 4 personnes

20 g de noisettes
1 c. s. de jus d'orange
1 c. s. de jus de citron
1 pincée de sel
125 ml d'huile d'olive
250 g de feuilles de cresson
50 g de pousses d'épinards
24 quartiers d'orange pelés à vif
poivre du moulin
4 tranches de fromage de chèvre

1 Préchauffez le four à 180 °C. Répartissez les noisettes sur une plaque de cuisson et faites-les dorer 5 à 6 minutes au four. Frottez-les ensuite dans un torchon pour détacher la peau et broyez-les finement dans un mortier.

2 Fouettez la poudre de noisette, le jus d'orange, le jus de citron et le sel. Sans cesser de fouetter, versez progressivement la moitié de l'huile pour obtenir une sauce onctueuse.

3 Nettoyez le cresson et mettez les feuilles dans un saladier avec les pousses d'épinards, les quartiers d'orange et 2 cuillerées à soupe de sauce. Poivrez à votre convenance avant de mélanger. Répartissez cette salade sur les assiettes de service.

4 Faites chauffer une petite poêle anti-adhésive et étalez le reste d'huile d'olive au fond. Quand l'huile est bien chaude, faites dorer le fromage de chèvre 1 à 2 minutes sur chaque face, en pressant bien avec le dos d'une fourchette. Déposez délicatement les tranches sur les assiettes de service, nappez avec le reste de sauce et servez aussitôt.

Crevettes cocktail

Pour 6 personnes

Sauce cocktail
250 g de mayonnaise complète
60 ml de ketchup
2 c. c. de sauce Worcestershire
1/2 c. c. de jus de citron
1 goutte de Tabasco
sel et poivre du moulin

1 kg de crevettes cuites
quelques feuilles de laitue
quartiers de citron
pain de mie

1 Pour la sauce cocktail, mélangez tous les ingrédients dans un saladier. Salez et poivrez.

2 Décortiquez les crevettes en gardant la queue intacte.

3 Disposez la laitue dans les assiettes ou les coupelles de service et répartissez les crevettes sur la salade. Nappez de sauce. Servez avec des quartiers de citron et du pain de mie.

PRATIQUE Vous pouvez préparer la sauce plusieurs heures à l'avance et la réserver au réfrigérateur. Vous obtiendrez une sauce plus onctueuse en y incorporant 2 cuillerées à soupe de crème fraîche épaisse.

Gaspacho

Pour 4 personnes

1 kg de tomates bien mûres
2 tranches de pain de campagne
sans la croûte, coupées grossièrement
1 poivron rouge épépiné
et grossièrement haché
2 gousses d'ail hachées
1 petit piment vert haché
1 c. c. de sucre en poudre
2 c. s. de vinaigre de vin rouge
2 c. s. d'huile d'olive
sel et poivre du moulin
8 glaçons

Garniture
1/2 mini-concombre épépiné
et coupé en petits dés
1/2 poivron rouge épépiné
et coupé en petits dés
1/2 poivron vert épépiné
et coupé en petits dés
1/2 oignon rouge coupé en petits dés
1/2 tomate coupée en dés

1 Entaillez la base des tomates et faites-les tremper 1 minute dans l'eau bouillante avant de les plonger dans l'eau froide. Épluchez-les, coupez-les en deux, épépinez-les et hachez-les grossièrement.

2 Faites tremper le pain 5 minutes dans l'eau froide puis pressez-le pour en extraire toute l'eau. Mettez-le dans le bol du robot avec la tomate, le poivron, l'ail, le piment, le sucre et le vinaigre. Mixez jusqu'à obtention d'une préparation lisse.

3 Sans cesser de mixer, ajoutez progressivement l'huile pour obtenir un mélange onctueux. Salez et poivrez puis réservez au moins 2 heures au réfrigérateur. Vous pouvez rajouter du vinaigre pour obtenir une saveur plus prononcée.

4 Pour la garniture, mélangez le concombre, le poivron, l'oignon et la tomate dans un saladier. Servez la soupe dans des bols individuels avec deux glaçons. Présentez la garniture à part.

Salade d'épinards au gingembre et aux noix de Saint-Jacques

Pour 4 personnes

300 g de noix de Saint-Jacques sans le corail
1 c.s. d'huile d'olive
100 g de pousses d'épinards
1 petit poivron rouge en fines lamelles
50 g de germes de soja
25 ml de saké
1 c. s. de jus de citron vert
2 c. c. de sucre de palme ou de sucre roux
1 c. c. de nuoc-mâm

1 Nettoyez soigneusement les noix de Saint-Jacques. Badigeonnez d'huile un gril en fonte et faites cuire les noix 1 minute de chaque côté.

2 Répartissez les pousses d'épinards, le poivron et les germes de soja sur les assiettes. Garnissez de noix de Saint-Jacques.

3 Mélangez le saké, le jus de citron, le sucre et le nuoc-mâm dans un bol. Versez la sauce sur la salade et servez immédiatement.

Asperges et saumon fumé à la sauce hollandaise

Pour 4 personnes

4 œufs à température ambiante
310 g de pointes d'asperges vertes
200 g de saumon fumé
copeaux de parmesan

Sauce hollandaise
175 g de beurre
4 jaunes d'œufs
1 c. s. de jus de citron vert
sel et poivre du moulin

1 Versez de l'eau dans une casserole jusqu'à mi-hauteur, portez à ébullition et faites cuire les œufs 6 à 7 minutes. Sortez les œufs de la casserole, laissez-les tiédir puis écalez-les et coupez-les en quatre.

2 Pendant que les œufs refroidissent, préparez la sauce. Faites fondre le beurre dans une petite casserole en écumant la mousse puis retirez la casserole du feu. Dans une autre casserole, mélangez les jaunes d'œufs et 2 cuillerées à soupe d'eau. Fouettez 30 secondes à feu doux pour que le mélange blanchisse et devienne mousseux. Continuez de battre 2 à 3 minutes jusqu'à ce que le fouet dessine un léger sillon dans les œufs. Retirez aussitôt du feu et incorporez progressivement le beurre, sans cesser de fouetter. Ajoutez ensuite le jus de citron, puis salez et poivrez. Si la sauce est trop liquide, remettez-la sur le feu et battez énergiquement pour qu'elle épaississe.

3 Faites cuire les asperges dans un grand volume d'eau salée. Au bout de 3 minutes, vérifiez la cuisson : elles doivent être juste tendres. Égouttez-les bien puis disposez-les sur les assiettes de service. Garnissez de saumon fumé et de quartiers d'œuf, nappez de sauce hollandaise et décorez de copeaux de parmesan. Servez aussitôt.

Salade de noix de Saint-Jacques et pommes de terre au citron confit

Pour 4 personnes

Sauce au citron et aux herbes
1/2 citron confit en saumure
60 ml d'huile d'olive
2 c. s. de jus de citron
1 c. s. de sauce aux piments douce
2 c. s. de vinaigre de vin blanc
2 c. s. de coriandre hachée

500 g de pommes de terre
huile végétale
sel et poivre
750 g de noix de Saint-Jacques sans le corail
2 c. s. d'huile d'olive
75 g de pousses d'épinards

1 Pour la sauce, évidez le citron puis découpez le zeste en fines lamelles. Mettez-les dans un bol avec l'huile, le jus de citron, la sauce aux piments, le vinaigre et la coriandre. Mélangez bien.

2 Découpez les pommes de terre en tranches fines. Faites chauffer une bonne quantité d'huile dans une poêle et jetez-y les pommes de terre. Quand elles sont dorées et croustillantes, retirez-les avec une écumoire puis égouttez-les sur du papier absorbant. Salez et poivrez.

3 Nettoyez les noix de Saint-Jacques. Faites chauffer l'huile d'olive dans une poêle et faites revenir les noix de Saint-Jacques 1 à 2 minutes de chaque côté.

4 Répartissez les épinards sur les assiettes de service, garnissez de pommes de terre et de noix de Saint-Jacques et nappez de sauce. Servez aussitôt.

Salade de roquette au saumon fumé

Pour 4 personnes

Vinaigrette
1 c. s. d'huile d'olive
2 c. s. de vinaigre balsamique
sel et poivre du moulin

150 g de roquette
1 avocat
250 g de saumon fumé
325 g de fromage de chèvre mariné dans l'huile, égoutté et émietté
2 c. s. de noisettes grillées concassées

1 Pour la vinaigrette, battez énergiquement l'huile et le vinaigre dans un saladier. Salez et poivrez.

2 Ôtez les grandes tiges de la roquette, lavez et essuyez les feuilles et mettez-les dans le saladier. Remuez délicatement.

3 Coupez l'avocat en deux dans la longueur puis recoupez chaque moitié en six tranches. Pelez-les. Déposez trois tranches sur chaque assiette puis garnissez de salade.

4 Disposez le saumon sur la roquette. Parsemez de fromage et de noisettes. Servez immédiatement.

Salade de crevettes à la vietnamienne

Pour 6 personnes

1 petit chou chinois émincé
60 g de sucre en poudre
60 ml de nuoc-mâm
80 ml de jus de citron vert
1 c. s. de vinaigre de vin blanc
1 pincée de sel
1 petit oignon rouge émincé
750 g de crevettes cuites décortiquées, avec les queues
30 g de coriandre fraîche
35 g de menthe fraîche ciselée

1 Mettez le chou chinois dans un saladier, couvrez de film alimentaire et réfrigérez 30 minutes.

2 Mélangez le sucre, le nuoc-mâm, le jus de citron, le vinaigre et le sel dans un bol. Fouettez vigoureusement.

3 Mélangez le chou, l'oignon, la coriandre, la menthe et la sauce. Remuez bien puis répartissez cette salade sur les assiettes de service. Garnissez de crevettes. Servez aussitôt.

Plats principaux

Filet d'agneau aux asperges et aux tomates rôties

Pour 4 personnes

1 c. s. de vinaigre de vin rouge
1/2 mini-concombre en petits dés
100 g de yaourt à la grecque
2 c. c. de menthe ciselée
1/2 c. c. de cumin moulu
80 ml d'huile d'olive
6 tomates en grappe
4 gousses d'ail émincées
1 c. s. d'origan ciselé
1 c. s. de persil ciselé
600 g de pointes d'asperges vertes
500 g de filet d'agneau
sel et poivre du moulin

1 Mélangez le vinaigre, le concombre, le yaourt, la menthe, le cumin et 1 cuillerée à soupe d'huile d'olive dans un bol.

2 Préchauffez le four à 180 °C. Coupez les tomates en deux et épépinez-les. Mélangez l'ail, l'origan et le persil et saupoudrez-en les tomates.

3 Étalez les tomates sur une grille. Arrosez-les avec 1 cuillerée à soupe d'huile d'olive et faites-les rôtir 1 heure au four. Quand elles sont bien cuites, sortez-les du four, recoupez-les en deux et réservez au chaud. Disposez les asperges dans un plat à gratin, arrosez-les avec 1 cuillerée à soupe d'huile d'olive et faites-les cuire au four 10 minutes.

4 Pendant ce temps, faites chauffer le reste d'huile dans une poêle. Salez et poivrez généreusement l'agneau puis faites-le cuire 5 minutes de chaque côté. Réservez.

5 Sortez les asperges du four et présentez-les sur le plat de service avec les tomates. Coupez l'agneau en tranches et disposez-les sur les tomates. Arrosez de sauce à la menthe et servez aussitôt.

Salade de poulet mariné à l'indienne

Pour 4 personnes

60 ml de jus de citron
2 c. c. de garam masala
1 c. c. de curcuma moulu
1 c. s. de gingembre frais râpé
2 gousses d'ail émincées
4 c. s. d'huile végétale
650 g de blanc de poulet
1 oignon émincé
2 courgettes émincées
100 g de feuilles de cresson
150 g de petits pois écossés
2 tomates mûres en petits cubes
30 g de feuilles de coriandre

Sauce au yaourt
1 c. c. de graines de cumin
1/2 c. c. de graines de coriandre
90 g de yaourt nature
2 c. s. de menthe ciselée
2 c. s. de jus de citron

1 Mélangez le jus de citron, le garam masala, le curcuma, le gingembre, l'ail et 2 cuillerées à café d'huile dans un saladier. Ajoutez les blancs de poulet et l'oignon et enrobez bien le tout de cette marinade. Couvrez et réservez 1 heure au réfrigérateur.

2 Retirez l'oignon de la marinade et jetez-le. Faites chauffer 2 cuillerées à soupe d'huile dans une poêle et faites revenir le poulet 4 à 5 minutes de chaque côté. Sortez-le de la poêle et laissez-le reposer 5 minutes avant de le découper en tranches de 1 cm d'épaisseur.

3 Dans une sauteuse, faites revenir les courgettes dans le reste de l'huile préalablement chauffée puis mettez-les dans un saladier avec le cresson. Faites cuire les petits pois 5 minutes dans l'eau bouillante, égouttez-les et rafraîchissez-les sous l'eau froide. Mettez-les dans le saladier avec les tomates, le poulet et la coriandre.

4 Pour la sauce, faites griller à sec les graines de cumin et de coriandre jusqu'à ce qu'elles embaument puis écrasez-les dans un mortier. Mélangez la poudre obtenue avec le yaourt, la menthe et le jus de citron, nappez-en la salade puis remuez délicatement avant de servir.

PRATIQUE Le garam masala est un mélange d'épices originaire du Nord de l'Inde, à base de cardamome, cannelle, clous de girofle, coriandre, fenouil et cumin grillés et moulus. On ajoute parfois du piment pour relever le goût.

Salade de haricots blancs au thon

Pour 4 à 6 personnes

200 g de haricots secs
2 feuilles de laurier frais
1 gousse d'ail écrasée
350 g de haricots verts
2 bulbes de fenouil émincés
1/2 oignon rouge émincé
30 g de persil grossièrement ciselé
1 c. s. d'huile d'olive
400 g de filet de thon
80 ml de jus de citron
1 gousse d'ail hachée
1 piment rouge épépiné et haché
1 c. c. de sucre
1 c. s. de zeste de citron
125 ml d'huile d'olive
sel et poivre du moulin

1 Faites tremper les haricots au moins 8 heures dans l'eau froide.

2 Rincez les haricots, transvasez-les dans une casserole et couvrez-les d'eau froide. Ajoutez le laurier et l'ail écrasé et faites-les cuire au moins 40 minutes ; ils doivent être tendres sans se défaire à la cuisson.

3 Faites cuire les haricots verts quelques minutes dans l'eau bouillante puis passez-les sous l'eau froide. Mettez-les dans un saladier avec le fenouil, l'oignon et le persil.

4 Faites chauffer l'huile dans une poêle et saisissez les filets de thon 2 minutes de chaque côté. Ils doivent rester roses au centre. Laissez reposer le thon 2 à 3 minutes hors du feu avant de le découper en cubes de 3 cm. Ajoutez ces derniers dans le saladier avec les haricots blancs. Mélangez bien.

5 Mélangez le jus de citron, l'ail haché, le piment, le sucre, le zeste de citron et l'huile d'olive dans un bol. Salez et poivrez puis battez la sauce vigoureusement. Versez-la sur la salade et remuez délicatement.

Vermicelles au porc

Pour 4 personnes

1 c. s. d'huile d'arachide
500 g de porc haché
2 gousses d'ail hachées
1 tige de citronnelle émincée
2 à 3 échalotes rouges
3 c. c. de gingembre frais râpé
1 piment oiseau haché
5 feuilles de kaffir fraîches ciselées (citron vert thaïlandais)
170 g de vermicelles transparents
60 g de pousses d'épinards
50 g de coriandre grossièrement ciselée
170 g d'ananas frais en petits dés
10 g de feuilles de menthe
2 c. s. de sucre de palme ou de sucre roux
2 c. s. de nuoc-mâm
80 ml de jus de citron vert
2 c. c. d'huile de sésame
2 c. c. d'huile d'arachide en supplément
sel et poivre du moulin

1 Préchauffez un wok, versez l'huile d'arachide et inclinez le wok pour en tapisser le fond. Faites dorer le porc 5 minutes à feu vif. Ajoutez l'ail, la citronnelle, l'échalote, le gingembre, le piment et les feuilles de citronnier kaffir. Laissez cuire 1 à 2 minutes jusqu'à ce que le mélange embaume.

2 Mettez les vermicelles dans un saladier, couvrez d'eau bouillante et laissez gonfler 30 secondes. Rincez sous l'eau froide et égouttez bien. Mettez les vermicelles dans un saladier avec les épinards, la coriandre, l'ananas, la menthe et la préparation au porc.

3 Pour la sauce, mélangez le sucre de palme, le nuoc-mâm et le jus de citron vert. Ajoutez l'huile de sésame et l'huile d'arachide en supplément puis battez le tout. Nappez la salade de ce mélange, salez et poivrez. Remuez délicatement avant de servir.

Salade italienne aux pâtes et au poulet

Pour 4 personnes

375 g de penne
100 ml d'huile d'olive
4 aubergines émincées en biais
2 blancs de poulet
2 c. c. de jus de citron
15 g de persil plat ciselé
270 g de poivron rouge mariné, égoutté et émincé
155 g de pointes d'asperges vertes découpées en tronçons de 5 cm
85 g de tomates marinées dans l'huile, émincées
sel et poivre du moulin
parmesan râpé

1 Faites cuire les pâtes dans une grande casserole d'eau bouillante salée. Égouttez-les et réservez-les au chaud. Dans une grande poêle, faites revenir les aubergines 4 à 5 minutes dans 2 cuillerées à soupe d'huile pour qu'elles soient dorées et tendres.

2 Préchauffez un gril en fonte et faites cuire le poulet 5 minutes de chaque côté avant de le découper en tranches épaisses. Mélangez le jus de citron, le persil et le reste d'huile dans un bol. Fermez et secouez énergiquement.

3 Remettez les pâtes sur le feu, incorporez la sauce, le poulet, les aubergines, le poivron, les asperges et les tomates. Mélangez intimement et faites réchauffer le tout. Salez et poivrez. Servez chaud, saupoudré de parmesan râpé.

Agneau à la grecque

Pour 4 personnes

300 g de filet d'agneau
2 c. s. de poivre noir concassé
3 tomates en grappe coupées en huit
2 mini-concombres émincés
150 g d'olives noires marinées
(réservez 2 c. s. d'huile)
100 g de feta en dés
1 c. c. d'origan
1 c. s. de jus de citron
1 c. s. d'huile d'olive
sel et poivre du moulin

1 Roulez l'agneau dans le poivre en le faisant pénétrer avec vos doigts. Couvrez et réservez 15 minutes au réfrigérateur.

2 Mettez les tomates, le concombre, les olives, la feta et la moitié de l'origan dans un saladier.

3 Préchauffez un gril en fonte et faites griller l'agneau 2 à 3 minutes de chaque côté. Réservez au chaud.

4 Mélangez le jus de citron, l'huile d'olive, l'huile des olives marinées et le reste d'origan. Salez et poivrez. Versez la moitié de cette sauce sur la salade, remuez et transférez la salade sur un plat de service.

5 Découpez l'agneau en tranches de 1 cm d'épaisseur et disposez celles-ci sur la salade. Nappez du reste de sauce avant de servir.

Blancs de poulet grillés aux épinards et aux framboises

Pour 4 personnes

60 ml de vinaigre de framboise
2 c. s. de jus de citron vert
2 gousses d'ail pilées
2 c. s. d'origan ciselé
1 c. c. de sucre roux
2 piments oiseaux hachés
125 ml d'huile d'olive
4 blancs de poulet
1 c. c. de moutarde de Dijon
sel et poivre du moulin
200 g de pousses d'épinards
250 g de framboises fraîches

1 Mélangez 2 cuillerées à soupe de vinaigre de framboise, le jus de citron, l'ail, 1 cuillerée à soupe d'origan, le sucre, les piments et 60 ml d'huile dans un saladier. Mettez le poulet dans cette marinade, couvrez et laissez reposer 2 heures au réfrigérateur.

2 Préchauffez le four à 180 °C. Faites chauffer un gril en fonte et faites cuire le poulet 3 minutes de chaque côté puis transférez-le sur une plaque de cuisson et terminez la cuisson au four pendant 5 minutes. Laissez reposer 5 minutes hors du feu avant de découper les blancs en tranches larges.

3 Battez le reste d'huile, de vinaigre et d'origan avec la moutarde. Salez et poivrez. Mélangez les épinards et les framboises sur les assiettes de service, nappez-les de sauce et ajoutez les blancs de poulet. Servez aussitôt.

Salade de pâtes au vinaigre de Xérès

Pour 6 personnes

300 g de fusilli
250 g de chou-fleur détaillé en bouquets
125 ml d'huile d'olive
16 tranches de pancetta
quelques feuilles de sauge
100 g de pignons de pin grillés
2 c. s. d'échalote hachée
2 c. s. de vinaigre de Xérès
1 piment oiseau haché
2 gousses d'ail pilées
1 c. c. de sucre roux
2 c. s. de jus d'orange
15 g de persil ciselé
35 g de parmesan râpé

1 Faites cuire les pâtes dans un grand volume d'eau bouillante salée. Égouttez-les et rafraîchissez-les sous l'eau froide. Égouttez-les à nouveau. Faites blanchir le chou-fleur 3 minutes dans l'eau bouillante puis égouttez et laissez refroidir.

2 Faites chauffer 1 cuillerée à soupe d'huile d'olive dans une poêle antiadhésive et faites griller la pancetta 2 minutes, jusqu'à ce qu'elle croustille. Laissez égoutter sur du papier absorbant. Ajoutez 1 cuillerée à soupe d'huile dans la poêle et faites revenir les feuilles de sauge 1 minute. Faites-les égoutter sur du papier absorbant. Dans un grand saladier, mélangez les pâtes, les pignons de pin et le chou-fleur.

3 Faites chauffer le reste d'huile d'olive dans une poêle et faites fondre l'échalote 2 minutes en remuant sans cesse. Retirez du feu et ajoutez le vinaigre, le piment, l'ail, le sucre, le jus d'orange et le persil. Versez aussitôt cette sauce sur les pâtes et remuez bien.

4 Émiettez la pancetta sur la salade, ajoutez les feuilles de sauge et saupoudrez de parmesan râpé. Servez aussitôt.

Tacos aux crevettes

Pour 4 personnes

2 tomates mûres épépinées
et coupées en dés
2 c. s. de jus de citron vert
1/2 c. c. de cumin moulu
1/2 c. c. de piment en poudre
1 oignon rouge coupé en dés
4 gousses d'ail pilées
2 c. s. d'huile d'olive
18 crevettes décortiquées
et grossièrement hachées
3 c. s. de persil plat ciselé
8 tacos
150 g de laitue découpée en lanières
1 avocat coupé en dés
125 g de crème aigre

1 Préchauffez le four à 180 °C. Mélangez la tomate, le jus de citron vert, le cumin et le piment en poudre.

2 Dans une poêle, faites revenir l'oignon et l'ail dans l'huile 3 à 5 minutes à feu doux. Ajoutez les crevettes puis incorporez le mélange à la tomate et laissez cuire à nouveau 3 à 5 minutes. Ajoutez enfin le persil.

3 Faites chauffer les tacos 5 minutes au four. Disposez ensuite un peu de laitue au fond de chaque taco et garnissez de préparation aux crevettes. Finissez avec un peu d'avocat et une pointe de crème aigre.

Salade de porc chaud et croûtons au bleu

Pour 4 personnes

125 ml d'huile d'olive
1 belle gousse d'ail pilée
400 g de filet de porc
en tranches de 5 mm
sel et poivre du moulin
1/2 baguette en tranches de 5 mm
100 g de fromage à pâte persillée
émietté
2 c. s. de vinaigre de Xérès
1/2 c. c. de sucre roux
150 g de mesclun

1 Versez l'huile d'olive et l'ail dans un bocal, fermez et secouez énergiquement. Faites chauffer 2 cuillerées à café de ce mélange dans une poêle et faites revenir la moitié du porc 1 minute de chaque côté. Retirez du feu et réservez au chaud. Ajoutez 2 cuillerées à café d'huile aromatisée dans la poêle et faites revenir le reste du porc. Retirez du feu. Salez et poivrez.

2 Disposez les tranches de pain sur une plaque de cuisson et badigeonnez-les sur une seule face avec un peu d'huile aromatisée avant de les faire griller au four jusqu'à ce qu'elles soient dorées. Retournez-les, saupoudrez-les de fromage et remettez-les au four pour que le fromage fonde.

3 Versez le vinaigre de Xérès et le sucre dans le reste d'huile aromatisée. Mettez le mesclun dans un saladier, ajoutez le porc et versez la sauce. Remuez bien avant de répartir la salade sur les assiettes de service. Accompagnez de toasts au fromage et servez aussitôt.

Salade de bœuf à la thaïlandaise

Pour 4 personnes

600 g de filet de bœuf
125 ml de nuoc-mâm
1 c. s. d'huile d'arachide
1 piment oiseau grossièrement haché
4 échalotes émincées
2 oignons nouveaux émincés
4 c. s. de feuilles de menthe
4 c. s. de feuilles de coriandre
1 gousse d'ail pilée
100 ml de jus de citron vert
2 c. c. de sucre de palme
ou de sucre roux
2 tomates découpées en huit
100 g de laitue

1 Mettez le filet de bœuf dans un saladier avec 2 cuillerées à soupe de nuoc-mâm. Couvrez et laissez 3 heures au réfrigérateur, en retournant la viande de temps en temps.

2 Préchauffez le four à 220 °C. Faites chauffer l'huile dans une poêle puis faites dorer le bœuf des deux côtés avant de le mettre dans un plat. Poursuivez la cuisson au four pendant 15 minutes. Laissez reposer 10 minutes hors du four.

3 Pendant ce temps, faites revenir le piment 1 à 2 minutes dans une grande poêle antiadhésive pour qu'il se colore avant de le réduire en poudre fine dans un mortier. Mettez-le ensuite dans un saladier avec les échalotes, les oignons nouvaux, la menthe, la coriandre, l'ail, le jus de citron vert, le sucre de palme et le reste du nuoc-mâm. Remuez bien.

4 Découpez le bœuf en tranches fines et mettez-le dans le saladier avec les tomates. Mélangez bien. Disposez quelques feuilles de laitue sur les assiettes de service et garnissez de salade au bœuf. Servez aussitôt.

Steaks de saumon et sauce à la mangue

Pour 6 personnes

1 gousse d'ail sans la peau
500 g de saumon frais sans la peau, grossièrement haché
1 oignon rouge coupé en dés
50 g de chapelure
1 œuf
50 g de coriandre ciselée
sel et poivre du moulin
1 mangue coupée en dés
60 ml de jus de citron vert

1 Mixez grossièrement l'ail, le saumon et la moitié de l'oignon. Ajoutez la chapelure, l'œuf et la moitié de la coriandre. Salez et poivrez. Façonnez six steaks aplatis avec ce mélange, couvrez et laissez 30 minutes au réfrigérateur. Pour la sauce, mettez la mangue, 2 cuillerées à soupe de jus de citron vert, le reste de l'oignon et de la coriandre dans un saladier et mélangez bien.

2 Graissez légèrement une poêle antiadhésive, versez le reste du jus de citron vert et faites cuire les steaks 4 à 5 minutes de chaque côté. Servez aussitôt avec la sauce à la mangue.

PRATIQUE On peut servir ces steaks en sandwich avec de la salade verte ou avec une salade et du pain.

Salade italienne aux pâtes et au salami

Pour 8 personnes

1 poivron rouge
1 poivron vert
4 branches de céleri
1 bulbe de fenouil épluché
1 oignon rouge
200 g de salami au poivre
15 g de persil plat ciselé
300 g de fettucine tricolores

Assaisonnement
125 ml d'huile d'olive
3 c. s. de jus de citron
2 1/2 c. s. de moutarde de Dijon
1 c. c. de sucre
1 gousse d'ail pilée
sel et poivre du moulin

1 Découpez les poivrons en lanières. Mettez-les dans un saladier avec le céleri coupé en dés, le bulbe de fenouil et l'oignon émincés, le salami coupé en lanières et le persil.

2 Faites cuire les pâtes dans un grand volume d'eau bouillante salée puis égouttez-les. Passez-les sous l'eau froide, égouttez-les à nouveau puis mettez-les dans le saladier. Mélangez bien.

3 Pour la sauce, fouettez l'huile d'olive, le jus de citron, la moutarde, le sucre et l'ail pilé. Salez et poivrez. Versez la sauce sur la salade, remuez et servez.

Brochettes de crevettes au sambal de coco

Pour 4 personnes

80 ml de crème de coco
60 ml de jus de citron vert
2 c. s. de sauce de soja
1 c. s. de zeste de citron vert
2 c. c. de piment rouge haché
1 c. c. de sucre roux
1/2 c. c. de pâte de crevettes
4 gousses d'ail pilées
32 crevettes crues décortiquées, avec les queues
2 c. c. d'huile
1 c. s. de coriandre ciselée
chutney de mangue

Sambal de coco
25 g de noix de coco râpée
40 g de graines de sésame
1/2 c. c. d'ail déshydraté
1/4 c. c. de coriandre moulue
1/4 c. c. de cumin moulu
1/2 c. c. de sel
40 g de cacahuètes grillées grossièrement hachées

1 Mélangez la crème de coco, le jus de citron, la sauce de soja, le zeste de citron, le piment, le sucre, la pâte de crevettes et l'ail.

2 Enfilez quatre crevettes sur chaque pique à brochette et posez ces dernières dans un plat creux en porcelaine. Versez dessus la marinade. Couvrez et réfrigérez 1 heure.

3 Pour le sambal, faites dorer 1 à 2 minutes la noix de coco dans une poêle puis ajoutez les graines de sésame, l'ail, les épices et le sel. Laissez chauffer 30 secondes. Retirez du feu et incorporez les cacahuètes. Transférez le tout dans un bol de service.

4 Préchauffez un gril en fonte légèrement huilé et faites griller les brochettes 2 à 3 minutes de chaque côté. Disposez-les sur un plat et saupoudrez de coriandre. Servez avec le sambal et le chutney.

Bœuf rôti sur un lit d'épinards frais, sauce au raifort

Pour 4 personnes

200 g de haricots verts
1 pavé de rumsteck de 500 g
1 oignon rouge pelé et coupé en deux
1 c. s. d'huile d'olive
100 g de pousses d'épinards
50 g de feuilles de cresson
200 g de tomates séchées conservées dans l'huile
125 g de yaourt à la grecque
1 c. s. de crème de raifort
2 c. s. de jus de citron
2 c. s. de crème fraîche
2 gousses d'ail
2 à 3 gouttes de Tabasco
sel et poivre du moulin

1 Faites cuire les haricots 4 minutes dans un grand volume d'eau bouillante salée, jusqu'à ce qu'ils soient juste tendres. Égouttez-les et rafraîchissez-les sous l'eau froide puis égouttez-les à nouveau et réservez. Préchauffez un gril en fonte, badigeonnez d'huile le pavé de bœuf ainsi que l'oignon. Faites griller la viande 2 minutes de chaque côté puis retirez-la du gril et laissez reposer 5 minutes. Pendant ce temps, faites griller l'oignon 2 à 3 minutes de chaque côté, jusqu'à coloration.

2 Disposez les épinards, le cresson, les tomates et les haricots sur un grand plat de service. Battez le yaourt, le raifort, le jus de citron, la crème fraîche, l'ail et le Tabasco dans un bol. Salez et poivrez puis laissez reposer 15 minutes.

3 Découpez le bœuf en tranches fines et présentez-le sur la salade. Émincez l'oignon grillé et parsemez-en la viande. Nappez de sauce. Salez et poivrez.

Salade César

Pour 4 à 6 personnes

3 œufs
3 gousses d'ail pilées
3 filets d'anchois
1 c. c. de sauce Worcestershire
2 c. s. de jus de citron vert
1 c. c. de moutarde de Dijon
185 ml d'huile d'olive
sel et poivre du moulin
3 tranches de pain
20 g de beurre
1 c. s. d'huile d'olive en supplément
3 tranches de bacon
3 cœurs de laitue
75 g de parmesan râpé

1 Mettez les œufs, l'ail, les anchois, la sauce Worcestershire, le jus de citron et la moutarde dans le bol du robot et mixez jusqu'à obtention d'un mélange homogène. Sans cesser de mixer, versez l'huile en un mince filet pour obtenir une sauce onctueuse. Salez et poivrez.

2 Débarrassez le pain de sa croûte et coupez la mie en cubes de 1,5 cm. Dans une poêle, faites chauffer le beurre et l'huile d'olive en supplément, jetez-y le pain et laissez-le griller 5 minutes. Réservez ces croûtons puis faites griller le bacon 3 minutes dans la même poêle. Quand il croustille, brisez-le en petits morceaux.

3 Mettez la laitue dans un saladier, versez la sauce et remuez bien puis ajoutez les croûtons et le bacon. Agrémentez de copeaux de parmesan et servez.

Crevettes grillées à la mexicaine

Pour 4 personnes

32 crevettes crues
125 ml de jus de citron vert
60 ml de tequila
2 piments oiseaux hachés
3 c. s. de coriandre ciselée
2 c. s. d'huile d'olive
2 gousses d'ail pilées

Salsa de tomate verte et avocat
1 tomate verte épépinée
et coupée en dés
2 c. s. d'oignon rouge haché
2 piments verts épépinés
et coupés en petits dés
25 g de coriandre ciselée
1 gousse d'ail hachée
1 c. s. d'huile d'olive
1 avocat
1 c. s. de jus de citron vert
sel et poivre du moulin

1 Décortiquez les crevettes en gardant les queues et enlevez la veine dorsale. Enfilez quatre crevettes sur chaque pique à brochette et disposez le tout en une seule couche dans un grand plat.

2 Mélangez le jus de citron, la tequila, le piment, la coriandre, l'huile et l'ail dans un bol et arrosez les crevettes de cette marinade. Couvrez et laissez mariner 30 minutes au réfrigérateur.

3 Pour la salsa, mélangez la tomate, l'oignon, le piment, la coriandre, l'ail et l'huile d'olive. Salez, poivrez. Couvrez et réservez au réfrigérateur.

4 Faites griller les brochettes 3 à 5 minutes sur un gril en fonte ou au barbecue, en les badigeonnant régulièrement de marinade pendant la cuisson.

5 Au moment de servir, coupez les avocats en deux, retirez le noyau et découpez la chair en dés de 1 cm. Incorporez-les délicatement à la salsa avec le jus de citron vert. Salez et poivrez. Servez aussitôt avec les brochettes.

Salade d'agneau au poivron et au concombre

Pour 4 personnes

1 oignon rouge en fines lamelles
1 poivron rouge en fines lamelles
1 poivron vert en fines lamelles
2 mini-concombres en bâtonnets
20 g de menthe grossièrement ciselée
3 c. s. d'aneth ciselé
2 c. s. d'huile d'olive
600 g de filet d'agneau
80 ml de jus de citron
2 petites gousses d'ail pilées
100 ml d'huile d'olive en supplément
sel et poivre du moulin

1 Mélangez l'oignon, le poivron, le concombre, la menthe et l'aneth dans un saladier.

2 Préchauffez une plaque en fonte, badigeonnez-la d'huile d'olive et faites griller l'agneau 2 à 3 minutes de chaque côté. Il doit rester tendre et légèrement rosé. Retirez la viande et laissez-la reposer 5 minutes avant de la découper en tranches fines. Incorporez-la enfin à la salade et mélangez bien.

3 Mélangez le jus de citron et l'ail dans un bol avant d'ajouter l'huile d'olive en supplément. Fouettez pour obtenir un mélange homogène. Salez et poivrez puis versez cette sauce sur la salade. Remuez délicatement et servez.

PRATIQUE Cette salade se déguste avec du pain turc et de l'houmous (voir p. 9).

Salade de riz complet et de lentilles vertes

Pour 6 à 8 personnes

200 g de riz complet
100 ml d'huile d'olive
1 oignon rouge coupé en dés
2 gousses d'ail pilées
1 carotte coupée en dés
2 branches de céleri
coupées en petits tronçons
185 g de lentilles vertes du Puy
2 tomates épépinées et coupées en dés
3 c. s. de coriandre ciselée
3 c. s. de menthe ciselée
2 c. s. de vinaigre balsamique
1 c. s. de jus de citron
sel et poivre du moulin
2 c. s. de pignons de pin grillés
90 g de pousses d'épinards

1 Faites cuire le riz 20 minutes dans un grand volume d'eau bouillante salée puis égouttez-le et rafraîchissez-le sous l'eau froide.

2 Faites chauffer 2 cuillerées à soupe d'huile dans une casserole et faites revenir l'oignon, l'ail, la carotte et le céleri pendant 5 minutes. Ajoutez les lentilles et 375 ml d'eau. Portez à ébullition puis laissez frémir 15 minutes. Égouttez bien sans rincer. Laissez tiédir puis mettez les lentilles avec le riz, la tomate, la coriandre et la menthe dans un saladier.

3 Fouettez le reste d'huile avec le vinaigre balsamique et le jus de citron dans un bol. Salez et poivrez. Ajoutez les pignons et les épinards dans la salade, nappez de sauce et mélangez bien. Servez aussitôt.

Salade de risoni aux fines herbes

Pour 6 personnes

8 gousses d'ail avec la peau
2 c. s. d'huile d'olive
125 g de mayonnaise
100 g de crème fraîche
80 g de pesto
2 c. s. de jus de citron
250 g de brocolis détaillés en bouquets
400 g de risoni
(pâtes en forme de grains de riz)
100 g d'amandes effilées grillées
1 c. s. de persil ciselé
1 c. s. de ciboulette ciselée
copeaux de parmesan

1 Préchauffez le four à 180 °C. Badigeonnez les gousses d'ail d'huile d'olive et faites-les cuire au four 45 minutes pour qu'elles soient tendres et dorées.

2 Pressez deux gousses d'ail pour en prélever la pulpe et mettez cette dernière dans le bol du robot avec la mayonnaise, la crème fraîche, le pesto et le jus de citron. Mixez rapidement et réservez.

3 Pendant ce temps, faites cuire les brocolis quelques minutes à la vapeur. Rafraîchissez-les sous l'eau froide et égouttez-les soigneusement. Faites cuire les risoni 8 à 10 minutes dans un grand volume d'eau bouillante puis égouttez-les et mettez-les dans un grand saladier.

4 Ajoutez les amandes, la sauce, le persil, la ciboulette et les brocolis dans le saladier pendant que les risoni sont encore chauds. Remuez et repartissez cette salade tiède dans les bols de service. Décorez de copeaux de parmesan et disposez 1 gousse d'ail grillée sur le dessus. Servez aussitôt.

Bœuf sauce satay

Pour 4 personnes

2 c. c. de pulpe de tamarin
1 c. c. d'huile de sésame
2 c. s. de sauce de soja
2 c. c. de sucre roux
2 gousses d'ail pilées
1 c. s. de jus de citron vert
700 g de rumsteck en pavés épais
1 c. s. d'huile d'olive
6 grandes feuilles de romaine en morceaux
1 poivron rouge en julienne
180 g de germes de soja

Sauce satay
2 piments rouges hachés
1/2 c. c. de pâte de crevettes
1 gousse d'ail
6 échalotes rouges
2 c. c. d'huile d'arachide
250 ml de lait de coco
1 c. s. de jus de citron vert
120 g de cacahuètes grillées non salées, finement broyées
1 c. s. de kecap manis (sauce de soja épaisse)
1 c. s. de sucre roux
1 c. s. de nuoc-mâm
2 feuilles de kaffir fraîches ciselées (citron vert thaïlandais)

1 Faites tremper la pulpe de tamarin dans 60 ml d'eau bouillante et laissez refroidir. Filtrez l'eau de tamarin et jetez la pulpe.

2 Mettez l'huile de sésame, la sauce de soja, le sucre, l'ail, le jus de citron et 2 cuillerées à soupe d'eau de tamarin dans un saladier avant d'y ajouter la viande. Couvrez et réfrigérez 2 heures.

3 Pendant ce temps, préparez la sauce. Mixez les piments, la pâte de crevettes, l'ail et les échalotes. Faites chauffer l'huile dans une poêle et laissez cuire cette purée 3 minutes. Ajoutez le lait de coco, le jus de citron vert, les cacahuètes, le reste d'eau de tamarin, le kecap manis, le sucre, le nuoc-mâm et les feuilles de kaffir. Laissez épaissir à feu moyen. Mouillez avec 125 ml d'eau et ramenez à ébullition 2 minutes. Salez et poivrez.

4 Faites chauffer l'huile d'olive dans une poêle et saisissez les pavés de rumsteck 3 minutes de chaque côté. Laissez-les reposer 3 minutes avant de les découper en tranches. Mettez ces tranches dans un saladier avec la salade, le poivron et les germes de soja. Servez avec la sauce satay.

PRATIQUE Le tamarin est un fruit exotique qui renferme une pulpe acide. Cette dernière est pressée et vendue en blocs (dans les épiceries asiatiques).

Salade de crabe à la mangue verte et à la noix de coco

Pour 4 à 6 personnes

2 gousses d'ail pilées
2 piments oiseaux
2 c. s. de crevettes séchées
1 pincée de sel
2 c. s. de sauce de soja
3 c. s. de jus de citron vert
3 c. s. de sucre de palme
ou de sucre roux
30 g de copeaux de noix de coco
300 g de mangue verte en julienne
10 g de feuilles de menthe
15 g de feuilles de coriandre
3 feuilles de kaffir fraîches ciselées
(citron vert thaïlandais)
2 c. c. de gingembre
mariné en fines lamelles
500 g de chair de crabe fraîche
feuilles de bananier (facultatif)
quartiers de citron vert

1 Préchauffez le four à 180 °C. Mettez l'ail, les piments, les crevettes séchées et le sel dans un mortier. Pilez le tout en pâte fine avant de verser la sauce de soja, le jus de citron et le sucre. Battez à la fourchette pour bien mélanger.

2 Mettez les copeaux de noix de coco sur une plaque de cuisson et faites-les dorer au four 3 à 5 minutes. Surveillez la cuisson car la noix de coco a tendance à brûler rapidement.

3 Mettez la mangue verte dans un saladier avec la menthe, la coriandre, les feuilles de kaffir, le gingembre, la noix de coco grillée et la chair de crabe. Versez la sauce et mélangez délicatement.

4 Disposez une feuille de bananier dans chaque coupelle de service. Garnissez de salade au crabe et servez aussitôt accompagné de quartiers de citron vert.

PRATIQUE Les feuilles de bananier servent uniquement à la décoration et ne sont pas comestibles. Vous pouvez les remplacer par des feuilles de salade verte ou présenter ce plat directement dans les coupelles.

Salade de nouilles et d'agneau aux épices

Pour 4 personnes

1 c. s. de mélange cinq-épices
60 ml d'huile végétale
2 gousses d'ail pilées
500 g de filet d'agneau
500 g de nouilles udon
(nouilles japonaises épaisses)
2 c. c. d'huile de sésame
80 g de germes de soja
1/2 poivron rouge émincé
4 oignons nouveaux émincés
2 c. s. de graines de sésame grillées

Sauce au gingembre
1 c. s. de gingembre frais en petits dés
1 c. s. de vinaigre chinois
1 c. s. de vin de riz chinois
2 c. s. d'huile d'arachide
2 c. c. d'huile pimentée

1 Dans un grand saladier, préparez une marinade avec 2 cuillerées à soupe d'huile végétale, le mélange cinq-épices et l'ail. Enrobez l'agneau de ce mélange, couvrez et laissez mariner 30 minutes.

2 Faites cuire les nouilles 4 à 5 minutes dans un grand volume d'eau bouillante salée. Égouttez, rincez à l'eau froide et égouttez à nouveau. Ajoutez l'huile de sésame et remuez bien.

3 Faites chauffer le reste d'huile végétale dans une poêle et poêlez l'agneau 3 minutes de chaque côté pour une viande à point. Laissez reposer 5 minutes puis découpez en tranches fines.

4 Pour la sauce, mélangez le gingembre, le vinaigre chinois, le vin de riz, l'huile d'arachide et l'huile pimentée.

5 Mettez les nouilles, les tranches d'agneau, les germes de soja, le poivron, l'oignon nouveau et la sauce dans un saladier. Remuez délicatement. Parsemez de graines de sésames et servez aussitôt.

Fritatta au crabe et au camembert

Pour 4 à 6 personnes

80 g de pâtes courtes (coquillettes, fusilli...)
1 c. s. d'huile d'olive
1 petit oignon rouge haché
1 tomate olivette grossièrement hachée
60 g de tomates séchées conservées dans l'huile, grossièrement hachées
2 c. s. de feuilles de coriandre ciselées
140 g de chair de crabe en boîte
150 g de camembert sans la croûte, coupé en petits dés
6 œufs
2 jaunes d'œufs
sel et poivre du moulin

1 Faites cuire les pâtes dans un grand volume d'eau bouillante salée puis égouttez-les, passez-les sous l'eau froide et égouttez-les à nouveau. Faites fondre l'oignon à feu doux 4 à 5 minutes dans 1/2 cuillerée à soupe d'huile d'olive, sans le laisser brunir. Mettez-le ensuite dans un saladier avec la tomate fraîche, les tomates séchées et la coriandre. Pressez la chair du crabe pour en extraire toute l'eau puis et émiettez-la dans le saladier. Ajoutez la moitié du camembert et les pâtes refroidies. Mélangez bien. Battez les six œufs et les deux jaunes ensemble avant de les incorporer à la préparation. Salez et poivrez.

2 Faites chauffer le reste d'huile dans la poêle, versez la préparation et laissez prendre 25 minutes à feu doux. Préchauffez le gril. Transférez la fritatta dans un plat rond allant au four, répartissez le reste du camembert dessus et faites dorer 10 minutes sous le gril du four. Sortez la fritatta et laissez-la reposer 5 minutes avant de la découper. Servez avec une salade verte et du pain de campagne.

Salade asiatique au tofu

Pour 4 à 6 personnes

1 poivron rouge
1 poivron vert
180 g de germes de soja
4 oignons nouveaux en tranches fines
15 g de coriandre ciselée
450 g de chou chinois en lamelles
40 g de cacahuètes grillées concassées
450 g de tofu ferme
60 ml d'huile d'arachide

Sauce au piment
2 c. s. de sauce au piment douce
2 c. s. de jus de citron vert
1/2 c. c. d'huile de sésame
2 c. s. de sauce de soja claire
1 gousse d'ail hachée
3 c. c. de gingembre frais râpé
60 ml d'huile d'arachide

1 Découpez les poivrons en fines lamelles et mélangez-les avec les germes de soja, les oignons nouveaux, la coriandre, le chou chinois et les cacahuètes dans un saladier.

2 Égouttez le tofu et découpez-le en tranches de 8 cm sur 2 cm. Dans une grande poêle, faites-le revenir dans l'huile 2 à 3 minutes pour qu'il dore des deux côtés. Incorporez-le ensuite à la salade.

3 Pour la sauce, mélangez la sauce au piment, le jus de citron, l'huile de sésame, la sauce de soja, l'ail et le gingembre. Incorporez enfin l'huile d'arachide, versez sur la salade, remuez bien et servez aussitôt.

Salade de nouilles aux crevettes

Pour 4 personnes

250 g de nouilles de riz
700 g de crevettes crues décortiquées, avec les queues
1 carotte grossièrement râpée
1 mini-concombre émincé
30 g de feuilles de coriandre
80 g de cacahuètes grillées non salées, concassées
50 g d'échalote frite

Sauce sucrée-salée
125 ml de vinaigre de riz
1 c. s. de sucre de palme ou de sucre roux
1 gousse d'ail hachée
2 piments rouges hachés
60 ml de nuoc-mâm
60 ml de jus de citron vert
2 c. s. d'huile d'arachide

1 Faites tremper les nouilles 10 minutes dans un grand volume d'eau bouillante puis égouttez-les, passez-les sous l'eau froide et égouttez-les à nouveau. Mettez-les ensuite dans un saladier avec les crevettes, la carotte, le concombre et la coriandre. Mélangez.

2 Pour la sauce, mettez le vinaigre, le sucre et l'ail dans une petite casserole. Portez à ébullition puis réduisez le feu et laissez frémir 3 minutes. Transvasez cette sauce dans un bol puis ajoutez le piment, le nuoc-mâm et le jus de citron. Incorporez progressivement l'huile en fouettant la sauce à la fourchette.

3 Versez la sauce sur la salade et mélangez. Parsemez de cacahuètes et d'échalote frite. C'est prêt.

PRATIQUE L'échalote frite est vendue en petits flacons dans les épiceries asiatiques.

Salade asiatique au poulet et au riz

Pour 8 personnes

190 g de riz sauvage
200 g de riz au jasmin
1 poulet grillé à la chinoise
15 g de menthe ciselée
15 g de coriandre ciselée
1 mini-concombre
6 oignons nouveaux
80 g de cacahuètes grillées concassées
80 ml de vin de riz
1 c. s. de sauce de soja
1 c. s. de jus de citron vert
2 c. s. de sauce au piment douce

1 Faites cuire le riz sauvage 30 minutes dans un grand volume d'eau bouillante salée puis ajoutez le riz au jasmin et poursuivez la cuisson 10 minutes. Égouttez, rafraîchissez sous l'eau froide et égouttez à nouveau.

2 Détaillez le poulet en morceaux de la taille d'une bouchée et mettez ces derniers dans un saladier avec la menthe et la coriandre. Coupez le concombre en deux sans le peler et tranchez-le en biseau. Procédez de même avec les oignons nouveaux. Mettez le concombre, les oignons nouveaux, le riz et les cacahuètes dans le saladier.

3 Mélangez le vin de riz, la sauce de soja, le jus de citron et la sauce au piment dans un bol, versez cette sauce sur la salade et mélangez. Servez aussitôt.

PRATIQUE Le poulet grillé à la chinoise ou poulet chinois au barbecue est en vente dans les épiceries asiatiques. Il est indispensable à cette recette en raison de sa saveur très parfumée, typique de la cuisine asiatique.

Salade niçoise au thon frais

Pour 4 personnes

4 œufs
600 g de pommes de terre à chair ferme
200 g de haricots verts
700 g de thon en steaks
de 2 cm d'épaisseur
90 ml d'huile d'olive
2 c. s. de vinaigre de vin rouge
2 c. s. de persil plat frais ciselé
sel et poivre du moulin
20 tomates cerises coupées en deux
1 petit oignon rouge émincé
100 g d'olives noires dénoyautées

1 Mettez les œufs dans une casserole d'eau bouillante salée, portez à ébullition puis baissez le feu et laissez frémir 4 minutes. Passez les œufs sous l'eau froide, écalez-les et coupez-les en quatre.

2 Plongez les pommes de terre dans une casserole d'eau bouillante salée, puis réduisez le feu et laissez frémir 12 minutes. Retirez-les lorsqu'elles sont tendres. Faites cuire les haricots 3 à 4 minutes dans la même eau, jusqu'à ce qu'ils soient tendres mais encore vert vif. Égouttez-les, passez-les sous l'eau froide pour les rafraîchir et coupez-les en deux. Coupez les pommes de terre en tranches épaisses.

3 Frottez le thon de poivre sur les deux faces. Saisissez-le 2 minutes de chaque côté, au barbecue ou à la poêle ; il doit rester rose au centre. Laissez-le tiédir et émincez-le.

4 Battez l'huile et le vinaigre avec le persil dans un petit récipient. Dans un saladier, mélangez les pommes de terre, les haricots, l'oignon, les tomates et les olives. Salez et poivrez. Arrosez des trois quarts de la vinaigrette et remuez délicatement. Répartissez les légumes dans quatre assiettes, garnissez avec le thon et les quartiers d'œufs et arrosez du reste de vinaigrette.

Salade de porc à la chinoise

Pour 4 personnes

2 c. c. de vinaigre de riz
1 piment oiseau haché
2 c. s. de sauce de soja claire
1 c. c. de gingembre frais en bâtonnets
1/4 c. c. d'huile de sésame
1 anis étoilé
2 c. c. de jus de citron vert
250 g de porc au barbecue chinois
50 g de germes de soja
50 g de pousses d'épinards
2 oignons nouveaux émincés en biseau
1/2 poivron rouge émincé

1 Pour la sauce, mélangez le vinaigre, le piment, la sauce de soja, le gingembre, l'huile de sésame, l'anis étoilé et le jus de citron dans une casserole. Faites chauffer 2 minutes à feu doux, arrêtez la cuisson juste avant l'ébullition et réservez. Lorsque la préparation a refroidi, retirez l'anis étoilé.

2 Découpez le porc en tranches fines et mettez-les dans un saladier. Ajoutez les germes de soja et les pousses d'épinards puis les oignons nouveaux et le poivron. Nappez de sauce et mélangez. C'est prêt.

PRATIQUE Le porc au barbecue est une recette chinoise. La viande est mise à mariner, puis rôtie au four dans un récipient couvert pendant 2 heures. En vente dans les magasins asiatiques.

Salade de crevettes aux deux haricots

Pour 4 personnes

2 poivrons rouges
200 g de haricots blancs en boîte
300 g de haricots verts
150 g de pain rassis
80 ml d'huile d'olive
1 gousse d'ail hachée
1 kg de crevettes crues décortiquées, avec les queues
30 g de persil plat

Sauce aux câpres
60 ml de jus de citron
60 ml d'huile d'olive
2 c. s. de câpres rincées, égouttées et hachées
1 c. c. de sucre (facultatif)
sel et poivre du moulin

1 Faites rôtir les poivrons entiers sous le gril du four en les retournant plusieurs fois en cours de cuisson. Quand la peau commence à se boursoufler, mettez-les dans un récipient hermétique, couvrez et laissez refroidir puis pelez-les (la peau doit se détacher facilement) et coupez-les en larges lanières. Mettez ces dernières dans un saladier avec les haricots secs égouttés.

2 Faites cuire les haricots verts 3 à 4 minutes dans un grand volume d'eau bouillante salée puis égouttez-les. Laissez-les tiédir quelques minutes avant de les mettre dans le saladier.

3 Coupez le pain en 6 tranches puis recoupez chaque tranche en quatre. Faites chauffer 60 ml d'huile dans une poêle et faites griller le pain en le retournant pour qu'il dore de chaque côté. Réservez.

4 Faites chauffer le reste d'huile dans la poêle et faites revenir l'ail et les crevettes 1 à 2 minutes. Ajoutez ensuite les crevettes dans le saladier avec le persil.

5 Pour la sauce, mélangez le jus de citron, l'huile d'olive, les câpres et le sucre. Salez et poivrez. Versez cette sauce sur la salade, remuez puis garnissez de croûtons frits et servez aussitôt.

Tofu grillé, sauce au gingembre

Pour 4 personnes

80 ml de sauce de soja claire
2 c. c. d'huile de sésame
2 gousses d'ail pilées
1 c. c. de gingembre frais râpé
1 c. c. de purée de piment
1 pincée de sel
500 g de tofu ferme en cubes de 2 cm
400 g de mesclun
1 mini-concombre émincé
250 g de tomates cerises coupées en deux
2 c. c. d'huile végétale

Sauce au gingembre
2 c. c. de miso (pâte fermentée à base de haricots de soja)
125 ml d'eau chaude
2 c. s. de vin de riz
1 c. c. d'huile de sésame
1 c. c. de gingembre frais râpé
1 c. c. de ciboulette hachée
1 c. s. de graines de sésame grillées

1 Mélangez la sauce de soja, l'huile, l'ail, le gingembre, la purée de piment et le sel dans un récipient. Ajoutez le tofu et enrobez-le de ce mélange. Laissez mariner au moins 1 heure.

2 Pour la sauce, faites tremper le miso dans l'eau chaude jusqu'à dissolution. Ajoutez alors le vin de riz, l'huile de sésame, le gingembre, la ciboulette et les graines de sésame. Mélangez intimement. La sauce doit être assez épaisse.

3 Mettez le mesclun, le concombre et la tomate dans un saladier.

4 Égouttez le tofu et réservez la marinade. Faites chauffer l'huile végétale dans une poêle en fonte ou un wok et faites griller le tofu 4 minutes. Quand il commence à dorer, nappez-le de la marinade réservée et laissez-le cuire 1 minute à feu vif. Retirez-le de la poêle et laissez tiédir 5 minutes. Mettez-le ensuite dans la salade, versez la sauce et remuez. Servez aussitôt.

Galettes de pain farcies au poulet et au tzatziki

Pour 4 personnes

1 mini-concombre épépiné et coupé en bâtonnets
1 pincée de sel
100 g de yaourt nature
1/4 c. c. de jus de citron
1 c. s. de menthe ciselée
sel et poivre du moulin
4 blancs de poulet sans la peau
1 pincée de paprika
4 galettes de pain lavash ou de pain plat
4 grandes feuilles de laitue

1 Saupoudrez de sel le concombre et faites-le dégorger 10 minutes puis égouttez-le et mélangez-le avec le yaourt, le jus de citron et la menthe. Salez et poivrez.

2 Aplatissez les blancs de poulet avec un maillet à viande. Salez et poivrez puis saupoudrez-les de paprika. Faites-les griller 5 à 7 minutes de chaque côté dans une poêle antiadhésive ou sur un gril en fonte. Découpez les blancs en petits morceaux.

3 Déposez une feuille de laitue sur chaque galette de pain. Garnissez de tzatziki et de morceaux de poulet. Roulez les galettes pour enfermer la garniture et servez aussitôt.

Salade de saumon grillé au poivre concassé

Pour 4 personnes

1 c. s. de poivre noir concassé
4 filets de saumon de 180 g chacun, sans la peau
80 g de mayonnaise
2 c. s. de jus de citron
2 c. c. de crème de raifort
1 gousse d'ail pilée
2 c. s. de persil ciselé
100 g de cresson
3 c. s. d'huile d'olive
25 g de beurre
100 g de laitue

1 Mettez le poivre dans un récipient et ajoutez le saumon en le retournant pour qu'il soit bien enrobé de poivre. Pressez avec les doigts pour que le poivre adhère à la chair du poisson. Laissez reposer 30 minutes.

2 Mettez la mayonnaise, le jus de citron, le raifort, l'ail, le persil, 60 g de cresson, 1 cuillerée à soupe d'huile et 1 cuillerée à soupe d'eau chaude dans le bol du robot. Mixez 1 minute et réservez au frais.

3 Faites chauffer le beurre et 1 cuillerée à soupe d'huile dans une poêle. Quand le mélange commence à frémir, saisissez les pavés de saumon 2 à 3 minutes de chaque côté. Retirez de la poêle et réservez.

4 Déposez la laitue et le reste du cresson au centre des assiettes de service, arrosez légèrement avec le reste d'huile d'olive. Coupez chaque pavé de saumon en quatre ou cinq morceaux que vous disposerez sur la salade avant de napper de sauce.

Salade tiède de pâtes aux tomates rôties et au pesto

Pour 4 personnes

140 ml d'huile d'olive
50 g de tomates cerises
5 gousses d'ail en chemise
sel et poivre du moulin
400 g de penne
90 g de pesto
3 c. s. de vinaigre balsamique
quelques feuilles de basilic

1 Préchauffez le four à 180 °C. Versez 2 cuillerées à soupe d'huile dans un plat à gratin et glissez-le 5 minutes au four. Ajoutez l'ail et les tomates, salez et poivrez généreusement puis mélangez. Laissez rôtir 30 minutes.

2 Pendant ce temps, faites cuire les pâtes dans un grand volume d'eau bouillante salée. Égouttez-les et mettez-les dans un saladier.

3 Retirez le plat du four. Pressez les gousses d'ail pour en extraire la pulpe et mettez cette dernière dans un bol avec le reste d'huile, le pesto, le vinaigre et 3 cuillerées à soupe du jus de cuisson des tomates. Salez et poivrez. Mélangez bien avant d'incorporer cette sauce aux pâtes. Ajoutez ensuite les tomates cerises et décorez de feuilles de basilic. Servez aussitôt.

PRATIQUE Cette salade peut aussi se manger froide. Préparez-la quatre heures à l'avance et gardez-la au réfrigérateur jusqu'au moment de servir.

Bœuf teriyaki

Pour 4 personnes

80 ml de sauce de soja
2 c. s. de vin de riz
1 c. s. de saké (facultatif)
1 gousse d'ail pilée
1 c. c. de gingembre frais râpé
4 steaks dans le filet
1 c. c. de sucre
1 c. c. de graines de sésame grillées

Salade de concombre
1 mini-concombre pelé, épépiné et coupé en dés
1/2 poivron rouge coupé en dés
2 oignons nouveaux émincés en biseau
2 c. c. de sucre
1 c. s. de vinaigre de vin de riz

1 Mélangez le soja, le vin de riz, le saké, l'ail et le gingembre et arrosez les steaks de cette sauce. Couvrez et réfrigérez au moins 30 minutes.

2 Pour la salade de concombre, mettez le concombre, le poivron et l'oignon nouveau dans un saladier. Mettez le sucre, le vinaigre de vin et 60 ml d'eau dans une casserole. Faites chauffer à feu moyen en remuant sans cesse pour que le sucre soit bien dissous. Augmentez alors le feu et laissez frémir 3 à 4 minutes, jusqu'à épaississement. Versez cette sauce sur la salade de concombre, remuez et attendez le refroidissement complet.

3 Préchauffez un gril en fonte légèrement huilé. Égouttez les steaks et réservez la marinade. Faites griller la viande 3 à 4 minutes de chaque côté puis laissez reposer 5 minutes.

4 Mettez le sucre et la marinade réservée dans une casserole, faites chauffer en remuant sans cesse jusqu'à dissolution du sucre. Portez à ébullition et laissez frémir 2 minutes. Tenez au chaud.

5 Découpez les steaks en tranches de 1 cm d'épaisseur et garnissez-en les assiettes de service. Nappez de sauce, accompagnez de salade de concombre et parsemez de graines de sésame. Servez avec du riz à la vapeur.

Salade de poulet et de noix de cajou au piment

Pour 4 personnes

3 c. s. de sauce au piment douce
2 c. s. de jus de citron vert
2 c. c. de nuoc-mâm
2 c. s. de coriandre ciselée
1 gousse d'ail pilée
1 piment oiseau haché
2 c. c. de gingembre frais râpé
2 c. s. d'huile d'olive
600 g de blanc de poulet
100 g de mesclun
250 g de tomates cerises
100 g de mini-concombre
coupé en gros dés
50 g de pousses d'épinards
80 g de noix de cajou concassées

1 Mélangez la sauce au piment, le jus de citron, le nuoc-mâm, la coriandre, l'ail, le piment, le gingembre et 1 cuillerée à soupe d'huile dans un saladier.

2 Faites griller les blancs de poulet 5 à 8 minutes de chaque côté dans le reste d'huile puis découpez-les aussitôt en tranches de 1 cm d'épaisseur et mettez-le dans le saladier. Laissez tiédir.

3 Ajoutez le mesclun, les tomates cerises, le concombre et les pousses d'épinards dans le saladier et mélangez bien. Décorez de noix de cajou concassées et servez aussitôt.

Salade de printemps aux calamars

Pour 4 personnes

800 g de calamars préparés coupés en morceaux
2 c. s. d'huile d'olive
2 c. s. de jus de citron vert
sel et poivre du moulin
150 g de haricots verts
150 g de pointes d'asperges vertes
1 c. c. d'huile d'olive en supplément
100 g de jeunes pousses de roquette

Salsa verde
1 tranche de pain blanc sans la croûte
140 ml d'huile d'olive
3 c. s. de persil ciselé
2 c. c. de zeste de citron râpé
60 ml de jus de citron
2 filets d'anchois hachés
2 c. s. de câpres rincées et égouttées
1 gousse d'ail pilée

1 Dans un saladier, mélangez le calamar avec l'huile d'olive et le jus de citron. Salez et poivrez. Couvrez de film alimentaire et laissez mariner 2 heures au réfrigérateur.

2 Pour la salsa verde, coupez le pain en dés et mettez ces derniers dans le bol du robot avec l'huile d'olive, le persil, le zeste et le jus de citron, les filets d'anchois, les câpres et l'ail. Mixez le tout. Si la sauce est trop épaisse, allongez-la avec un peu de jus de citron et d'huile d'olive.

3 Coupez les haricots verts et les asperges en tronçons et faites-les blanchir séparément quelques minutes dans l'eau bouillante. Ils doivent être juste croquants. Égouttez-les et rafraîchissez-les sous l'eau froide avant de les égoutter à nouveau.

4 Badigeonnez un gril en fonte avec l'huile d'olive en supplément et faites griller les calamars jusqu'à ce qu'ils soient bien dorés. Laissez tiédir.

5 Mettez les haricots, les asperges, la roquette et les calamars dans un saladier. Ajoutez 3 cuillerées à soupe de salsa verde et remuez délicatement. Disposez cette salade dans un grand plat de service et servez nappé du reste de salsa verde.

Crevettes piri-piri

Pour 4 personnes

1 kg de grosses crevettes crues
4 piments rouges épépinés
185 ml de vinaigre de vin blanc
2 gousses d'ail hachées
8 piments oiseaux hachés
125 ml d'huile d'olive
150 g de mesclun

1 Retirez les têtes des crevettes, fendez les corps en deux sans les séparer complètement et retirez la veine dorsale. Gardez les queues. Mettez les crevettes dans un plat creux et gardez-les au réfrigérateur pendant que vous préparez la marinade.

2 Mettez les piments rouges dans une casserole avec la moitié du vinaigre et laissez frémir 5 minutes. Transférez le mélange dans le bol du robot, ajoutez 60 ml de vinaigre, l'ail et les piments oiseaux puis mixez jusqu'à obtention d'une pâte lisse.

3 Sans cesser de mixer, versez l'huile et le reste du vinaigre en filet mince pour obtenir une sauce onctueuse. Badigeonnez-en les crevettes, couvrez et gardez au réfrigérateur 30 minutes.

4 Préchauffez un gril en fonte, huilez-le légèrement puis faites griller les crevettes à peine égouttées 2 à 3 minutes de chaque côté. Portez la marinade à ébullition puis laissez frémir 4 minutes pour la faire épaissir. Répartissez le mesclun sur les assiettes de service, garnissez de crevettes et servez aussitôt avec la sauce.

Fajitas au tofu

Pour 4 personnes

4 c. s. de sauce de soja claire
2 gousses d'ail pilées
sel et poivre du moulin
400 g de tofu fumé en bâtonnets
200 g de tomates en boîte
1 petit oignon grossièrement haché
1 piment oiseau épépiné et haché
3 c. s. de coriandre ciselée
1 avocat bien mûr
2 c. c. de jus de citron
250 g de crème aigre
1 c. s. d'huile
1 poivron rouge épépiné
et coupé en lamelles
1 poivron jaune épépiné
et coupé en lamelles
8 oignons nouveaux
coupés en tronçons de 5 cm
8 grandes tortillas de blé

1 Mettez la sauce de soja et l'ail dans un plat, salez puis ajoutez le tofu. Mélangez bien pour l'enrober de sauce et laissez mariner.

2 Mixez les tomates, l'oignon, le piment et la coriandre jusqu'à obtention d'un mélange onctueux. Salez et poivrez. Videz le tout dans une casserole et portez à ébullition puis laissez frémir 10 minutes. Laissez refroidir.

3 Coupez l'avocat en deux et ôtez le noyau. Prélevez la chair avec une petite cuillère et mélangez-la avec le jus de citron et 2 cuillerées à soupe de crème aigre. Salez et poivrez. Écrasez grossièrement ce mélange à la fourchette.

4 Faites chauffer l'huile dans une poêle et faites cuire le tofu avec sa marinade 5 minutes à feu vif. Retirez la poêle du feu, incorporez le poivron et l'oignon nouveau, salez et poivrez. Remettez sur le feu 3 à 4 minutes.

5 Faites chauffer les tortillas dans une poêle sèche, 5 secondes de chaque côté.

6 Pour servir, tartinez les tortillas de purée d'avocat, de sauce tomate et de crème aigre. Garnissez de tofu et de légumes et roulez les tortillas. Servez aussitôt.

Bâtonnets de thon aux graines de sésame

Pour 4 personnes

4 pavés de thon
115 g de graines de sésame
huile d'olive pour la friture
100 g de pousses de roquette

Salsa de tomate à la coriandre
2 tomates épépinées coupées en dés
1 belle gousse d'ail pilée
2 c. s. de feuilles de coriandre ciselées
2 c. s. d'huile d'olive
1 c. s. de jus de citron vert

1 Découpez chaque pavé de thon en trois morceaux. Mettez les graines de sésame sur une feuille de papier sulfurisé et roulez le thon dedans. Réservez 15 minutes au réfrigérateur.

2 Pour la salsa de tomate, mettez les tomates, l'ail, la coriandre, l'huile et le jus de citron dans un bol et mélangez. Couvrez et mettez au réfrigérateur.

3 Versez la valeur de 1,5 cm d'huile dans une poêle et faites-la chauffer à feu vif puis faites frire le thon 2 minutes de chaque côté. Égouttez sur du papier absorbant. Pour servir, disposez le thon sur un lit de roquette. Présentez la salsa de tomate à part.

Pâtes au poulet et à la menthe

Pour 4 personnes

250 g de cotelli (pâtes creuses)
125 ml d'huile d'olive
1 gros poivron rouge
3 blancs de poulet
6 oignons nouveaux coupés en deux dans la longueur
4 gousses d'ail émincées
35 g de menthe ciselée
80 ml de vinaigre de cidre
100 g de pousses d'épinards
sel et poivre du moulin

1 Faites cuire les pâtes dans un grand volume d'eau bouillante salée puis égouttez-les, arrosez-les avec 1 cuillerée à soupe d'huile d'olive et réservez. Pendant la cuisson des pâtes, coupez le poivron en quatre, épépinez-le, retirez les membranes et faites-le griller au four 8 à 10 minutes. Quand la peau commence à noircir, mettez-le dans un sac plastique, laissez reposer quelques minutes avant de l'éplucher et de le détailler en fines lanières.

2 Mettez les blancs de poulet entre deux feuilles de film alimentaire et aplatissez-les légèrement avec un maillet à viande ou un rouleau à pâtisserie.

3 Faites chauffer 1 cuillerée à soupe d'huile dans une sauteuse et faites revenir le poulet 2 à 3 minutes de chaque côté. Sortez-le de la sauteuse et découpez-le en tranches fines.

4 Ajoutez 1 cuillerée à soupe d'huile dans la sauteuse et faites revenir l'oignon nouveau, l'ail et le poivron 2 à 3 minutes. Ajoutez 25 g de menthe, le vinaigre et le reste d'huile. Remuez sur le feu pour que la préparation soit bien chaude. Dans un grand saladier, mélangez les pâtes, le poulet, les épinards, la préparation aux oignons et le reste de menthe. Salez et poivrez. Servez chaud.

Terrine de viande

Pour 6 personnes

8 à 10 tranches de bacon
1 c. s. d'huile d'olive
1 oignon haché
2 gousses d'ail pilées
500 g de porc haché
500 g de veau haché
80 g de chapelure
1 œuf battu
60 ml de brandy
3 c. c. de thym ciselé
15 g de persil ciselé
sel et poivre du moulin

1 Préchauffez le four à 180 °C. Graissez légèrement un moule rectangulaire et garnissez le fond et les parois de tranches de bacon en laissant celles-ci dépasser largement sur les grands côtés.

2 Faites revenir l'oignon et l'ail 2 à 3 minutes dans l'huile d'olive, dans une poêle antiadhésive, puis transférez ce mélange dans un saladier avec la viande hachée, la chapelure, l'œuf, le brandy, le thym et le persil. Salez et poivrez. Goûtez et rectifiez l'assaisonnement si nécessaire.

3 Transférez cet appareil dans le moule et tassez fermement. Rabattez le bacon sur la terrine, couvrez de papier d'aluminium et mettez le moule dans un plat à gratin.

4 Versez de l'eau dans le plat jusqu'à mi-hauteur du moule et faites cuire 1 heure à 1 h 15 au four. Pour vérifier la cuisson, piquez la terrine avec une fourchette : le jus qui s'en écoule doit être clair. Retirez le moule du plat. Démoulez la terrine quand elle a un peu refroidi, laissez-la égoutter sur une grille, puis remettez-la dans le moule propre. Couvrez de papier d'aluminium puis d'un morceau de carton de la taille du moule et posez des poids dessus. Laissez une nuit au réfrigérateur. Dégustez frais, en tranches épaisses.

Salade de canard aux piments

Pour 4 à 6 personnes

1 piment rouge séché
et grossièrement concassé
2 c. s. de nuoc-mâm
1 c. s. de jus de citron vert
2 c. c. de sucre de palme
ou de sucre roux
1 canard au barbecue entier
1 oignon rouge émincé
1 c. s. de gingembre frais en julienne
20 g de coriandre
grossièrement ciselée
20 g de menthe grossièrement ciselée
80 g de noix de cajou grillées
quelques feuilles de laitue

1 Faites revenir le piment à sec pendant 30 secondes dans une poêle, puis réduisez-le en poudre fine. Mélangez-le dans un bol avec le nuoc-mâm, le jus de citron et le sucre. Réservez.

2 Détaillez la chair du canard en gros morceaux. Mettez-la dans un saladier avec l'oignon, le gingembre, la coriandre, la menthe et les noix de cajou. Nappez de sauce au piment et remuez délicatement.

3 Disposez les feuilles de salade sur un plat de service. Présentez le canard sur la salade.

PRATIQUE Le canard au barbecue est une recette chinoise. La viande est mise à mariner, puis rôtie au four dans un récipient couvert pendant 2 heures. En vente dans les magasins asiatiques.

Salade de la mer

Pour 4 personnes

500 g de petits calamars
1 kg de palourdes
1 kg de moules
500 g de crevettes cuites décortiquées, avec la queue
5 c. s. de persil plat ciselé

Assaisonnement
2 c. s. de jus de citron
80 ml d'huile d'olive
1 gousse d'ail pilée
sel et poivre du moulin

1 Séparez délicatement les corps et les tentacules des calamars. Supprimez la partie dure de la tête, ainsi que les yeux et le bec. Ouvrez les corps, retirez les entrailles et jetez-les. Détachez délicatement la peau puis coupez les corps en anneaux et les tentacules en morceaux. Rincez le tout. Faites cuire alors les calamars 3 minutes dans un grand volume d'eau bouillante salée puis égouttez-les et laissez-les refroidir à température ambiante.

2 Nettoyez soigneusement les palourdes et les moules en jetant celles dont les coquilles sont cassées et celles qui restent ouvertes. Mettez les coquillages sains dans une cocotte, couvrez et faites-les sauter à feu vif pour les faire ouvrir. Sortez-les alors de la casserole en jetant tous les coquillages qui sont restés fermés. Retirez les mollusques de leur coquille et mettez-les dans un saladier. Ajoutez les crevettes et les calamars.

3 Pour l'assaisonnement, battez le jus de citron, l'huile d'olive et l'ail pilé. Salez et poivrez puis versez cette sauce sur les fruits de mer. Ajoutez 4 cuillerées à soupe de persil et remuez. Couvrez et mettez 30 à 40 minutes au réfrigérateur. Saupoudrez du reste de persil et servez avec du pain de campagne frais.

Penne aux crevettes

Pour 4 personnes

3 tomates olivettes
375 g de penne
500 g de crevettes cuites décortiquées, avec la queue
125 g de fromage de chèvre émietté
100 g de pousses d'épinards
40 g de pignons de pin grillés

Sauce à l'ail
2 gousses d'ail pilées
60 ml d'huile d'olive
2 c. c. de zeste de citron râpé
2 c. s. de jus de citron
1 c. s. de persil plat ciselé

1 Préchauffez le four à 180 °C. Découpez les tomates en quartiers, disposez-les sur une plaque de cuisson chemisée de papier sulfurisé et faites-les rôtir 45 minutes au four. Laissez tiédir à température ambiante.

2 Faites cuire les pâtes dans un grand volume d'eau bouillante salée puis égouttez-les et laissez-le refroidir avant de les transférer dans un saladier.

3 Ajoutez les crevettes, les tomates rôties, le fromage et les pousses d'épinards. Mélangez.

4 Pour la sauce, mettez l'ail, l'huile d'olive, le persil, le zeste et le jus de citron dans un bol. Remuez bien puis versez sur la salade. Mélangez, parsemez de pignons de pin et servez aussitôt.

Poulpes à la thaïlandaise

Pour 4 personnes

8 petits poulpes
250 ml de sauce au piment douce
2 c. s. de jus de citron vert
1 tige de citronnelle émincée
2 mini-concombres
50 g de laitue
50 g de coriandre avec les tiges

1 Séparez délicatement les corps et les tentacules des poulpes. Supprimez la partie dure de la tête ainsi que les yeux et le bec. Ouvrez les corps en veillant à ne pas percer la poche d'encre, retirez les entrailles et jetez-les. Détachez délicatement la peau puis coupez les corps et les tentacules en morceaux. Rincez bien et égouttez.

2 Mettez les poulpes dans un saladier avec la sauce au piment, le jus de citron et la citronnelle. Mélangez. Couvrez de film alimentaire et mettez au moins 4 heures au réfrigérateur.

3 Découpez les concombres en tronçons de 6 cm, épépinez-les puis découpez-les en bâtonnets.

4 Faites chauffer une plaque en fonte. Retirez les poulpes de la marinade (réservez cette dernière) et faites-les cuire 2 à 3 minutes. Laissez tiédir. Dressez la laitue et la coriandre sur les assiettes de service et disposez les poulpes tièdes au centre.

5 Versez le reste de marinade sur la plaque et laissez chauffer 2 minutes à feu doux. Retirez du feu et ajoutez le concombre en mélangeant bien pour qu'il tiédisse et garnissez-en la salade de poulpes. Servez aussitôt.

Poulet yakitori

Pour 4 personnes

3 c. s. de miso (pâte fermentée
à base de haricots de soja)
2 c. s. de sucre
60 ml de saké
2 c. s. de vin de riz
1 kg de cuisses de poulet désossées,
sans la peau
1 concombre
2 oignons nouveaux
en morceaux de 2 cm

1 Mettez le miso, le sucre, le saké et le vin de riz dans une casserole. Faites chauffer 2 minutes à feu doux, jusqu'à ce que la sauce soit onctueuse et le sucre complètement dissous.

2 Découpez le poulet en cubes de 2,5 cm. Épépinez le concombre et détaillez-le en bâtonnets. Enfilez les morceaux de poulet, de concombre et d'oignon nouveau sur des piques à brochettes (si vous utilisez des piques en bambou, faites-les tremper au moins 1 heure dans l'eau froide). Comptez au moins 3 brochettes par personne.

3 Faites griller les brochettes 10 minutes sur une plaque en fonte, en les retournant régulièrement. Quand le poulet est presque cuit, badigeonnez les brochettes de sauce au miso et continuez de le faire jusqu'à ce que la viande et les légumes soient à point, sans cesser de retourner les brochettes. Servez aussitôt avec du riz blanc.

Fricassée de la mer aux agrumes

Pour 4 personnes

2 oranges
8 petits calamars
200 g de noix de Saint-Jacques, sans le corail
2 c. s. d'huile
150 g de roquette
3 tomates en petits morceaux

Sauce aux fines herbes
50 g de coriandre ciselée
30 g de persil plat ciselé
2 c. c. de cumin moulu
1 c. c. de paprika
60 ml de jus de citron
60 ml d'huile d'olive

1 Pelez les oranges à vif puis prélevez les quartiers en éliminant la membrane blanche. Enlevez également les pépins.

2 Séparez délicatement les corps et les tentacules des calamars. Supprimez la partie dure de la tête ainsi que les yeux et le bec. Ouvrez les corps, retirez les entrailles et jetez-les. Détachez délicatement la peau puis coupez les corps et les tentacules en morceaux. Rincez bien et égouttez.

3 Nettoyez les noix de Saint-Jacques puis rincez-les et égouttez-les sur du papier absorbant.

4 Faites chauffer l'huile dans une poêle et saisissez les calamars 1 à 2 minutes à feu vif. Égouttez-les sur du papier absorbant. Faites revenir les noix 1 à 2 minutes de chaque côté dans la même poêle.

5 Disposez la roquette sur un grand plat. Garnissez de fruits de mer, de tomate en dés et de quartiers d'orange. Pour préparer la sauce, mélangez la coriandre, le persil, le cumin, le paprika, le jus de citron vert et l'huile d'olive. Nappez-en la salade et servez.

Pains garnis à l'agneau et à la menthe

Pour 4 personnes

1 kg de viande d'agneau maigre hachée
60 g de persil ciselé
25 g de menthe ciselée
1 oignon haché
1 gousse d'ail pilée
1 œuf battu
1 c. c. de sauce au piment
4 petits pains pita

Salade de tomate à la menthe
3 petites tomates bien mûres
1 oignon émincé
20 g de menthe
1 c. s. d'huile d'olive
2 c. s. de jus de citron
sel et poivre du moulin

1 Mettez l'agneau, le persil, la menthe, l'oignon, l'ail, l'œuf et la sauce au piment dans un saladier. Mélangez bien. Formez huit boulettes légèrement aplaties et mettez-les au réfrigérateur 30 minutes. Préchauffez le four à 160 °C.

2 Pour la salade, découpez les tomates en fines rondelles et mettez-les dans un saladier avec l'oignon, la menthe, l'huile d'olive et le jus de citron. Salez et poivrez généreusement. Mélangez bien.

3 Enveloppez les pains pita dans du papier d'aluminium et passez-les au four 10 minutes.

4 Saisissez les boulettes d'agneau sur un gril en fonte préchauffé et légèrement graissé jusqu'à ce qu'ils soient bien cuits et dorés. Sortez les pains pita du four, ouvrez-les délicatement et garnissez-les de salade et de viande.

Poulet aux épices et aux chips de maïs

Pour 4 personnes

4 tomates en tranches de 1 cm
1 c. c. de sucre en poudre
sel et poivre du moulin
1 oignon rouge émincé
150 ml d'huile d'olive
1 avocat mûr
60 g de crème aigre
100 ml de lait
2 c. s. de jus de citron vert
2 tortillas de maïs fraîches
1 c. c. d'origan
2 c. c. de cumin moulu
1 c. c. de sel à l'ail
1/2 c. c. de poivre de Cayenne
4 blancs de poulet
15 g de feuilles de coriandre

1 Étalez les tranches de tomate dans un plat, saupoudrez-les de sucre, salez et poivrez généreusement. Déposez dessus une couche d'oignon et arrosez avec 60 ml d'huile d'olive. Gardez au réfrigérateur jusqu'au moment de servir.

2 Mixez l'avocat, la crème aigre, le lait, le jus de citron et 80 ml d'eau, jusqu'à obtention d'une pâte lisse.

3 Découpez chaque tortilla en lanières de 2 cm. Mélangez l'origan, le cumin, le sel à l'ail et le poivre de Cayenne. Roulez les blancs de poulet dans ce mélange en pressant avec les doigts. Faites chauffer 2 cuillerées à soupe d'huile dans une grande poêle et saisissez les blancs de poulet 4 à 5 minutes de chaque côté. Laissez tiédir puis réservez au réfrigérateur. Dans la même poêle, ajoutez 60 ml d'huile et faites dorer les tortillas en les retournant une fois pendant la cuisson.

4 Disposez les rondelles de tomate et d'oignon sur le pourtour des assiettes de service. Découpez chaque blanc de poulet en fines tranches et garnissez-en le centre de l'assiette. Nappez de sauce à l'avocat et décorez de lanières de tortilla. Parsemez de coriandre et servez.

Pavés de saumon à la sauce hollandaise

Pour 4 personnes

Sauce hollandaise au citron
175 g de beurre
4 jaunes d'œufs
2 c. s. de jus de citron
sel et poivre du moulin

2 c. s. d'huile d'olive
4 filets de saumon

1 Faites fondre le beurre à feu doux dans une petite casserole. Écumez la mousse puis laissez refroidir. Dans une autre casserole, fouettez les jaunes d'œufs 30 secondes avec 2 cuillerées à soupe d'eau, jusqu'à ce que le mélange soit mousseux. Faites chauffer ce mélange à feu très doux, sans cesser de fouetter, puis retirez du feu et incorporez le beurre, en continuant de fouetter. Réchauffez à feu doux en incorporant le jus de citron. Salez et poivrez.

2 Faites chauffer l'huile dans une grande poêle et saisissez les pavés de saumon 2 minutes de chaque côté. Ils doivent rester légèrement rosés à l'intérieur. Servez avec la sauce hollandaise et des légumes de votre choix.

Spaghettis à la niçoise

Pour 4 à 6 personnes

350 g de spaghettis
8 œufs de caille
1 citron
3 x 185 g de thon à l'huile
50 g d'olives noires dénoyautées et coupées en deux
100 g de tomates séchées conservées dans l'huile
4 filets d'anchois coupés en petits morceaux
3 c. s. de petites câpres égouttées
3 c. s. de persil plat ciselé

1 Faites cuire les pâtes dans un grand volume d'eau bouillante salée. Pendant ce temps, mettez les œufs dans une casserole d'eau froide, portez à ébullition et laissez cuire 4 minutes. Passez les œufs sous l'eau froide et écalez-les. Coupez-les en deux. Prélevez la valeur de 1 cuillerée à café de zeste de citron et râpez-le. Pressez le citron pour extraire 2 cuillerées à soupe de jus.

2 Mettez le thon et son huile dans un saladier. Ajoutez les olives, les tomates à peine égouttées et coupées en deux, les anchois, le zeste et le jus de citron, les câpres et 2 cuillerées à soupe de persil. Égouttez les pâtes et rincez-les rapidement sous un filet d'eau froide puis égouttez-les de nouveau avant de les ajouter dans le saladier. Mélangez bien avant de garnir les assiettes de service. Décorez de moitiés d'œufs et saupoudrez avec le reste de persil.

Pâtes au poulet fumé, sauce moutarde

Pour 4 personnes

1 c. s. de vinaigre balsamique
150 ml d'huile d'olive
1 c. s. de jus de citron
3 c. s. de moutarde à l'ancienne
sel et poivre du moulin
200 g de bucatini
(gros spaghettis creux)
450 g de blanc de poulet fumé
8 petits radis
2 petites pommes
4 oignons nouveaux émincés
35 g de roquette

1 Mélangez le vinaigre, l'huile d'olive, le jus de citron et la moutarde dans un bocal, fermez et secouez énergiquement. Salez et poivrez.

2 Faites cuire les pâtes dans un grand volume d'eau bouillante salée, puis égouttez-les, rincez-les sous l'eau froide et égouttez-les à nouveau avant de les mettre dans un saladier. Versez un tiers de la sauce moutarde sur les pâtes et remuez délicatement. Laissez reposer 30 minutes au frais.

3 Découpez le blanc de poulet en biais et mettez-le dans un saladier avec les radis détaillés en fines tranches. Coupez les pommes en quatre, évidez-les et découpez-les en cubes sans les peler. Ajoutez-les dans le saladier avec l'oignon nouveau et la roquette. Versez le reste de sauce et remuez.

4 Transférez la préparation au poulet dans le saladier de pâtes et mélangez bien avant de répartir cette salade dans quatre bols de service. Accompagnez de pain frais.

Gratin de pâtes aux légumes et au jambon cru

Pour 6 à 8 personnes

3 c. s. d'huile d'olive
35 g de chapelure
250 g de pâtes courtes
6 tranches de jambon cru hachées
1 oignon rouge haché
1 poivron rouge haché
100 g de tomates séchées conservées dans l'huile, égouttées et grossièrement hachées
3 c. s. de basilic ciselé
100 g de parmesan râpé
4 œufs légèrement battus
250 ml de lait
sel et poivre du moulin

1 Préchauffez le four à 180 °C. Graissez un moule rond avec un peu d'huile et saupoudrez le fond et les côtés de 2 cuillerées à soupe de chapelure. Faites cuire les pâtes dans un grand volume d'eau bouillante salée puis égouttez-les et transférez-les dans un saladier.

2 Faites chauffer 1 cuillerée à soupe d'huile d'olive dans une poêle et faites revenir le jambon cru et l'oignon 4 à 5 minutes à feu moyen. Quand l'oignon commence à prendre couleur, ajoutez le poivron et les tomates séchées. Poursuivez la cuisson 1 à 2 minutes puis transférez le tout dans le saladier de pâtes avec le basilic et le parmesan. Mélangez bien. Versez alors cet appareil dans le moule préparé.

3 Fouettez les œufs et le lait dans un récipient. Salez et poivrez. Versez cette préparation sur les pâtes. Mélangez le reste de chapelure et le reste d'huile puis saupoudrez-en les pâtes. Faites gratiner 40 minutes au four. Laissez reposer 5 minutes avant de découper. Servez avec une salade verte.

Salade de thon mi-cuit et de haricots blancs

Pour 4 à 6 personnes

400 g de steaks de thon
poivre concassé
1 petit oignon rouge émincé
1 tomate épépinée et hachée
1 petit poivron rouge en fines lamelles
2 x 400 g de haricots blancs en conserve
2 gousses d'ail pilées
1 c. c. de thym haché
4 c. s. de persil plat ciselé
sel et poivre du moulin
1 1/2 c. s. de jus de citron
80 ml d'huile d'olive
1 c. c. de miel
100 g de roquette
1 c. c. de zeste de citron râpé

1 Posez les steaks de thon sur une assiette et saupoudrez-les des deux côtés de poivre concassé. Couvrez avec du film alimentaire et réservez au réfrigérateur.

2 Mélangez l'oignon, la tomate et le poivron dans un saladier. Rincez les haricots 30 secondes sous l'eau froide, égouttez-les et ajoutez-les dans le saladier avec l'ail, le thym et 3 cuillerées à soupe de persil. Salez et poivrez. Mélangez bien et réservez au frais.

3 Versez le jus de citron, l'huile et le miel dans une casserole, portez à ébullition puis laissez frémir 1 minute en remuant sans cesse. Retirez du feu.

4 Graissez légèrement un gril en fonte et faites dorer les steaks de thon à feu vif, 2 minutes de chaque côté, pour qu'ils restent rosés à cœur. Découpez-les en cubes de 3 cm et mettez-les dans le saladier. Arrosez de sauce chaude et mélangez bien.

5 Disposez la roquette sur le plat de service. Garnissez de salade de thon et parsemez de zeste de citron et du reste de persil. Servez aussitôt.

Salade de nouilles et de crevettes à la thaïlandaise

Pour 4 personnes

Assaisonnement
2 c. s. de gingembre frais râpé
2 c. s. de sauce de soja
2 c. s. d'huile de sésame
80 ml de vinaigre de vin rouge
1 c. s. de sauce au piment douce
2 gousses d'ail pilées
80 ml de kecap manis
(sauce de soja épaisse)

500 g de crevettes cuites
décortiquées, avec la queue
250 g de nouilles chinoises
5 oignons nouveaux émincés en biseau
2 c. s. de coriandre ciselée
1 poivron rouge coupé en dés
100 g de pois gourmands

1 Pour la sauce, mélangez le gingembre frais, la sauce de soja, l'huile de sésame, le vinaigre, la sauce au piment, l'ail et le kecap manis dans un bol.

2 Coupez les crevettes en deux dans la longueur.

3 Faites cuire les nouilles 2 minutes dans une casserole d'eau bouillante salée puis égouttez-les soigneusement. Laissez-les refroidir dans un saladier.

4 Versez la sauce sur les nouilles puis ajoutez les crevettes, les oignons nouveaux, la coriandre, le poivron et les pois gourmands. Mélangez délicatement et servez aussitôt.

Salade de crevettes au fenouil

Pour 4 personnes

1,2 kg de crevettes crues
1 gros bulbe de fenouil émincé
300 g de cresson
2 c. s. de ciboulette ciselée
125 ml d'huile d'olive
60 ml de jus de citron
1 c. s. de moutarde de Dijon
1 gousse d'ail hachée
sel et poivre du moulin

1 Jetez les crevettes dans une casserole d'eau bouillante. Quand l'eau recommence à bouillir, baissez le feu et laissez frémir 2 minutes. Égouttez les crevettes, laissez-les refroidir puis décortiquez-les et coupez-les en deux dans la longueur. Mettez-les dans un saladier de service.

2 Ajoutez le fenouil, le cresson et la ciboulette. Remuez délicatement.

3 Pour la sauce, mélangez l'huile, le jus de citron, la moutarde et l'ail. Versez sur la salade. Salez et poivrez généreusement avant de mélanger. Servez aussitôt.

Salade de nouilles somen, sauce au sésame

Pour 4 personnes

Sauce au sésame
40 g de graines de sésame grillées
2 c. s. de sauce de soja claire
2 c. s. de vinaigre de riz
2 c. c. de sucre
1/2 c. c. de gingembre frais râpé
1/2 c. c. de dashi (bouillon japonais) en poudre

125 g de nouilles somen sèches
100 g de pois gourmands
100 g de daikon en bâtonnets (radis blanc légèrement amer)
100 g de carotte en bâtonnets
1 oignon nouveau émincé en biseau
50 g de pousses d'épinards
2 c. c. de graines de sésame grillées

1 Pour la sauce, broyez les graines de sésame au mortier jusqu'à obtention d'une poudre fine. Mélangez la sauce de soja, le vinaigre de riz, le sucre, le gingembre, le dashi et 125 ml d'eau dans une casserole. Portez à ébullition puis laissez frémir 2 minutes en remuant, jusqu'à dissolution du dashi. Retirez du feu et laissez refroidir. Incorporez progressivement les graines de sésame moulues pour obtenir une sauce épaisse.

2 Faites cuire les nouilles 2 minutes dans de l'eau bouillante puis égouttez-les, rincez-les sous l'eau froide et attendez qu'elles soient complètement froides pour les couper en tronçons de 10 cm.

3 Mettez les pois gourmands dans un plat peu profond avec le daikon, la carotte, l'oignon nouveau, les pousses d'épinards et les nouilles. Arrosez de sauce et mélangez bien. Réservez au réfrigérateur jusqu'au moment de servir. Saupoudrez de graines de sésame grillées juste avant de passer à table.

Thon grillé aux légumes de Méditerranée

Pour 4 personnes

185 ml d'huile d'olive
3 gousses d'ail pilées
2 c. s. de sauce au piment douce
1 poivron rouge en cubes de 3 cm
1 poivron jaune en cubes de 3 cm
2 courgettes en rondelles de 1,5 cm
2 aubergines en rondelles de 1,5 cm
4 steaks de thon

Mayonnaise au citron et aux câpres
1 jaune d'œuf
1 petite gousse d'ail hachée
1 c. c. de zeste de citron râpé
2 c. s. de jus de citron
185 ml d'huile d'olive
1 c. s. de petites câpres
rincées et égouttées
1 pincée de sel

1 Mélangez l'huile d'olive, l'ail et la sauce au piment dans un récipient. Ajoutez les légumes, remuez et laissez mariner 30 minutes.

2 Pour la mayonnaise, battez au fouet électrique le jaune d'œuf, l'ail, le zeste et le jus de citron jusqu'à obtention d'un mélange onctueux. Sans cesser de fouetter, versez l'huile en un filet mince pour que le mélange épaississe. Incorporez alors les câpres et le sel.

3 Faites chauffer un gril en fonte légèrement graissé et faites griller les légumes égouttés 4 à 5 minutes de chaque côté. Réservez au chaud.

4 Badigeonnez d'huile d'olive les steaks de thon et faites-les griller 2 à 3 minutes de chaque côté. Le thon doit rester rose à cœur. Disposez les légumes et les steaks de thon sur les assiettes de service et accompagnez de mayonnaise aux câpres et au citron.

Lasagnes aux artichauts et au poulet grillé

Pour 6 personnes

1 c. s. d'huile d'olive
3 blancs de poulet
500 g de lasagnes
8 tranches de jambon cru
280 g d'artichauts marinés, égouttés et coupés en quartiers, avec l'huile réservée
150 g de tomates séchées marinées dans l'huile, égouttées et émincées
80 g de pousses de roquette
2 à 3 c. s. de vinaigre balsamique
sel et poivre du moulin

1 Huilez légèrement une poêle et faites-la chauffer à feu vif. Saisissez les blancs de poulet 4 minutes de chaque côté puis découpez-les en tranches fines.

2 Faites cuire les pâtes dans un grand volume d'eau bouillante salée.

3 Pendant ce temps, mettez le jambon cru sur une plaque de cuisson recouverte de papier sulfurisé et passez-le sous le gril du four 2 minutes de chaque côté, jusqu'à ce qu'il croustille. Laissez-le tiédir avant de l'émietter grossièrement. Égouttez les pâtes et mettez-les avec le poulet, le jambon, les artichauts, les tomates et la roquette dans un récipient. Mélangez le vinaigre balsamique et 60 ml de l'huile réservée des artichauts, arrosez les pâtes de cette sauce et remuez. Salez et poivrez avant de servir.

Tarte au chèvre et aux olives

Pour 6 personnes

Pâte
125 g de farine
1 pincée de sel
60 ml d'huile d'olive

Garniture
1 c. s. d'huile d'olive
2 oignons émincés
sel et poivre du moulin
1 c. s. de feuilles de thym
125 g de ricotta
100 g de fromage de chèvre
2 c. s. d'olives niçoises dénoyautées
3 œufs légèrement battus
60 ml de crème fraîche

1 Pour la pâte, tamisez la farine et le sel dans un récipient. Formez un puits au centre et versez-y l'huile d'olive. Travaillez le mélange avec le plat d'une lame de couteau en ramenant progressivement la farine au centre pour former une chapelure grossière. Incorporez en plusieurs fois 3 à 4 cuillerées à soupe d'eau froide jusqu'à ce que le mélange s'amalgame. Ramassez la pâte en boule, couvrez et réservez 30 minutes au frais.

2 Pour la garniture, faites chauffer l'huile d'olive dans une poêle et faites fondre les oignons 30 minutes à feu doux. Salez et poivrez puis ajoutez la moitié du thym. Laissez tiédir.

3 Préchauffez le four à 180 °C. Abaissez la pâte sur un plan de travail légèrement fariné pour former un disque de 30 cm de diamètre. Étalez les oignons jusqu'à 2 cm au bord, puis la ricotta et le fromage de chèvre. Disposez les olives et parsemez du reste de thym. Rabattez légèrement les bords sur la garniture en pinçant légèrement la pâte.

4 Battez les œufs et la crème dans un saladier puis versez délicatement cet appareil sur la garniture. Faites cuire au four 45 minutes, jusqu'à ce que la pâte soit dorée. Servez chaud ou tiède.

Brochettes de crevettes à la chermoula

Pour 4 personnes

Chermoula
80 ml d'huile d'olive
3 c. s. de coriandre hachée
2 c. s. de persil plat haché
2 c. s. d'écorce de citron en saumure hachée
2 c. s. de jus de citron
2 gousses d'ail hachées
1 petit piment rouge épépiné et haché
1 c. c. de cumin moulu
1/2 c. c. de paprika
sel et poivre du moulin

20 crevettes crues
370 g de semoule instantanée
375 ml de bouillon de poule brûlant
1 c. s. d'huile d'olive
2 c. s. de menthe grossièrement hachée

1 Mettez tous les ingrédients de la chermoula dans le bol du robot. Mixez jusqu'à obtention d'une purée épaisse. Salez et poivrez.

2 Décortiquez les crevettes en gardant les queues. Piquez-les une à une sur une pique à cocktail pour les maintenir droites et mettez-les dans un plat creux. Ajoutez la chermoula et tournez-les plusieurs fois pour les enrober de sauce. Réservez 30 minutes au réfrigérateur en remuant de temps en temps.

3 Mettez la semoule dans un récipient résistant à la chaleur, versez le bouillon et l'huile puis laissez gonfler 3 à 4 minutes. Aérez la graine à la fourchette et incorporez la menthe.

4 Disposez les crevettes sur une plaque de cuisson chemisée de papier d'aluminium et passez-les sous le gril chaud 2 à 3 minutes de chaque côté. Répartissez la semoule sur les assiettes de service, garnissez de crevettes et servez aussitôt.

Pain bagnat

Pour 4 personnes

4 pains individuels ou 1 baguette coupée en quatre
1 gousse d'ail
60 ml d'huile d'olive
1 c. s. de vinaigre de vin rouge
sel et poivre du moulin
3 c. s. de feuilles de basilic en morceaux
2 tomates en tranches
2 œufs durs en tranches
75 g de thon en boîte
8 filets d'anchois
1 petit concombre en tranches
1/2 poivron vert émincé
1 échalote émincée

1 Ouvrez les pains et retirez une partie de la mie. Coupez la gousse d'ail en deux et frottez-en l'intérieur du pain. Arrosez la mie d'huile d'olive et de vinaigre. Salez et poivrez.

2 Répartissez le basilic, les tomates, les œufs, le thon, les anchois, le concombre, le poivron et l'échalote sur une des deux moitiés du pain et refermez en sandwich. Tassez avec un petit poids et réservez 1 heure au frais avant de servir.

Saumon grillé aux graines de sésame et aux nouilles de soja

Pour 6 personnes

300 g de nouilles de soja
1 c. s. d'huile de soja
3 c. s. de miso (pâte fermentée à base de haricots de soja)
100 ml de miel
2 c. s. d'huile de sésame
6 filets de saumon sans la peau
1 c. c. d'ail haché
1 c. s. de gingembre frais râpé
1 carotte en bâtonnets
6 petits oignons nouveaux émincés
70 g de germes de soja
80 ml de vinaigre de riz
3 c. s. de sauce de soja claire
1 c. c. d'huile de sésame en supplément
1 c. s. de graines de sésame grillées

1 Préchauffez le four à 180 °C. Portez à ébullition un grand volume d'eau, jetez-y les nouilles et ramenez à ébullition. Laissez cuire 1 minute puis versez 250 ml d'eau froide. Laissez bouillir à nouveau 1 à 2 minutes avant de rajouter 250 ml d'eau froide. Laissez bouillir 2 minutes. Égouttez les pâtes et mélangez-les avec la moitié de l'huile de soja.

2 Écrasez à la fourchette le miso, le miel, l'huile de sésame et 1 cuillerée à soupe d'eau jusqu'à obtention d'une pâte homogène. Badigeonnez le saumon avec la moitié de cette pâte puis saisissez-le sur un gril en fonte préchauffé, 30 secondes de chaque côté. Badigeonnez-le à nouveau du reste de pâte et finissez la cuisson au four pendant 6 minutes. Couvrez et laissez reposer au chaud.

3 Faites chauffer le reste d'huile de soja dans un wok et faites sauter 1 minute l'ail, le gingembre, la carotte, l'oignon nouveau et les germes de soja. Ajoutez les nouilles, le vinaigre de riz, la sauce de soja et l'huile de sésame en supplément. Laissez sur le feu jusqu'à ce que le mélange soit bien chaud.

4 Répartissez les nouilles sur les assiettes de service, garnissez de saumon et saupoudrez de graines de sésame. Dégustez aussitôt.

Accompagnements

Salade grecque

Pour 4 personnes

4 tomates coupées en quartiers
1 concombre pelé, épépiné et coupé en petits dés
2 poivrons verts épépinés et coupés en lanières
1 oignon rouge émincé
16 olives noires
250 g de feta en petits dés
3 c. s. de persil plat
12 feuilles de menthe entières
125 ml d'huile d'olive
2 c. s. de jus de citron
1 gousse d'ail pilée
sel et poivre du moulin

1 Mettez les tomates, le concombre, les poivrons, l'oignon, les olives, la feta, la moitié du persil et des feuilles de menthe dans un saladier. Mélangez.

2 Versez l'huile, le jus de citron et l'ail dans un bocal, fermez et secouez vigoureusement. Versez la sauce sur la salade, salez et poivrez à votre convenance et garnissez avec le reste de persil et de menthe.

Salade toscane

Pour 6 personnes

200 g de pain ciabatta
8 tomates en grappe
80 ml d'huile d'olive
1 c. s. de jus de citron
2 c. s. de vinaigre balsamique
6 filets d'anchois hachés
1 c. s. de câpres rincées, égouttées et hachées
1 gousse d'ail pilée
sel et poivre du moulin
30 g de feuilles de basilic

1 Préchauffez le four à 220 °C. Coupez le pain en dés de 2 cm, étalez ces derniers sur une plaque de cuisson et faites-les dorer 5 minutes au four. Laissez refroidir sur une grille.

2 Entaillez en croix la base de chaque tomate. Mettez-les dans un récipient résistant au feu et couvrez-les d'eau bouillante. Attendez 30 secondes avant de les plonger dans l'eau froide puis pelez-les. Coupez quatre tomates en deux, pressez-les délicatement pour en extraire le jus que vous filtrez dans un tamis (jetez ensuite les pépins). Réservez la chair des tomates après l'avoir coupée en petits dés. Mettez le jus dans un bol avec l'huile, le jus de citron, le vinaigre, les anchois, les câpres et l'ail. Salez et poivrez.

3 Épépinez les autres tomates et coupez-les en tranches. Mettez-les dans un saladier avec la pulpe réservée et presque tout le basilic. Ajoutez la sauce et les croûtons. Remuez bien. Garnissez avec le reste de basilic, salez et poivrez et laissez reposer au moins 15 minutes à température ambiante.

Légumes grillés au vinaigre balsamique

Pour 4 à 6 personnes

4 petites aubergines
5 tomates en grappe
2 poivrons rouges
1 poivron vert
2 courgettes
100 ml d'huile d'olive
12 bocconcini
ou 1 boule de mozzarella
45 g d'olives noires
1 gousse d'ail hachée
3 c. s. de câpres rincées et égouttées
1/2 c. c. de sucre en poudre
2 c. s. de vinaigre balsamique
sel et poivre du moulin

1 Coupez les aubergines et les tomates en deux dans la longueur. Faites de même avec les poivrons puis épépinez-les, enlevez les membranes et recoupez chaque moitié en trois. Émincez les courgettes en biseau.

2 Préchauffez un gril en fonte, versez 1 cuillerée à soupe d'huile et faites griller un quart des légumes 2 à 3 minutes, jusqu'à ce qu'ils soient dorés. (Commencez par les tomates en mettant la face coupée en contact avec le gril.) Mettez les légumes grillés dans un grand saladier. Faites cuire le reste des légumes en trois fois en graissant de nouveau le gril au besoin.

3 Ajoutez les bocconcini (ou la mozzarella en tranches) dans le saladier. Mélangez les olives, l'ail, les câpres, le sucre, le vinaigre et l'huile restante (environ 2 cuillerées à soupe). Salez et poivrez. Versez sur la salade et remuez. Servez tiède après avoir rectifié l'assaisonnement.

Salade verte et sa vinaigrette au citron

Pour 6 personnes

150 g de petites feuilles de romaine
150 g de petites feuilles de laitue
50 g de cresson
100 g de roquette
1 c. s. d'échalote hachée
2 c. s. de moutarde de Dijon
1/2 c. c. de sucre en poudre
1 c. s. de basilic ciselé
1 c. c. de zeste de citron râpé
3 c. c. de jus de citron
1 c. s. de vinaigre de vin blanc
25 ml d'huile d'olive
aromatisée au citron
75 ml d'huile d'olive
sel et poivre du moulin

1 Préparez la romaine et la laitue en ne gardant que les feuilles très tendres du centre. Lavez et égouttez la salade avant de la réserver au réfrigérateur. Nettoyez le cresson et la roquette en essuyant les pousses sur un torchon propre. Réservez au frais.

2 Pour la sauce, battez au fouet les échalotes, la moutarde, le sucre, le basilic, le zeste de citron, le jus de citron et le vinaigre dans un saladier. Mettez l'huile aromatisée et l'huile d'olive dans un bol et versez ce mélange en un mince filet dans le saladier, sans cesser de fouetter, pour obtenir une sauce homogène. Salez et poivrez.

3 Mettez les salades préparées dans le saladier, remuez délicatement et servez aussitôt.

Salade au chèvre et aux champignons

Pour 4 à 6 personnes

Assaisonnement
3 c. s. d'huile d'olive
2 c. s. de jus de citron
1 c. c. de zeste de citron râpé
sel et poivre du moulin

8 gros champignons de Paris sans les pieds
1 c. s. de thym ciselé
4 gousses d'ail hachées
2 c. s. d'huile d'olive
50 g de pousses de roquette
100 g de fromage de chèvre émietté
2 c. s. de persil plat ciselé

1 Préchauffez le four à 200 °C. Pour l'assaisonnement, mélangez l'huile d'olive, le zeste de citron et le jus de citron dans un bocal muni d'un couvercle. Salez et poivrez à votre convenance. Fermez le couvercle et secouez vigoureusement.

2 Mettez les champignons sur une plaque de cuisson, saupoudrez-les de thym et d'ail et arrosez-les d'un filet d'huile d'olive. Couvrez-les de papier d'aluminium et faites-les rôtir 20 minutes au four. Sortez-les du four et mélangez-les puis couvrez-les à nouveau et finissez la cuisson 10 minutes au four. Sortez-les du four et coupez-les en deux.

3 Dressez la roquette dans le plat de service, garnissez de champignons et de fromage de chèvre. Secouez à nouveau le bocal de sauce puis versez cette dernière sur la salade. Décorez de persil avant de servir.

Salade de tomates rôties aux bocconcini

Pour 4 personnes

8 tomates olivettes coupées en deux
sel et poivre du moulin
1 pincée de sucre en poudre
125 ml d'huile d'olive
15 g de basilic ciselé
2 c. s. de vinaigre balsamique
350 g de petits bocconcini
ou 1 boule de mozarella
160 g de roquette

1 Préchauffez le four à 150 °C. Mettez les tomates sur une grille, au-dessus de la lèchefrite. Salez, poivrez et saupoudrez de sucre. Laissez rôtir 1 h 30 pour qu'elles soient presque confites puis sortez-les et laissez-les refroidir.

2 Mettez l'huile et le basilic dans une casserole et faites chauffer 3 minutes à feu moyen. L'huile ne doit pas fumer. Retirez la casserole du feu et jetez le basilic. Battez ensemble 2 cuillerées à soupe de cette huile et le vinaigre. Réservez le reste pour un autre usage.

3 Mélangez les tomates, les bocconcini et la roquette dans un saladier. Arrosez de sauce, salez et poivrez à votre convenance. Servez aussitôt.

PRATIQUE L'huile au basilic se conserve plusieurs jours au réfrigérateur ; utilisez-la pour parfumer des pâtes aux légumes grillés.

Salade de pommes de terre aux oignons et au bacon

Pour 10 personnes

2 c. s. d'huile d'olive
6 oignons rouges émincés
1 kg de pommes de terre nouvelles avec la peau
4 tranches de bacon
30 g de ciboulette ciselée
sel et poivre du moulin

Assaisonnement
250 g de mayonnaise toute prête
1 c. s. de moutarde de Dijon
le jus d'un citron
2 c. s. de crème aigre

1 Faites l'huile dans une sauteuse et laissez fondre l'oignon 40 minutes. Il doit presque caraméliser.

2 Découpez les pommes de terre en morceaux et faites-les cuire 10 minutes dans l'eau bouillante salée. Égouttez-les et laissez-les tiédir à température ambiante.

3 Faites griller le bacon dans une poêle antiadhésive puis égouttez-le sur du papier absorbant et laissez-le refroidir avant de le hacher grossièrement.

4 Mettez les pommes de terre, l'oignon et la ciboulette (gardez quelques brins pour décorer) dans un saladier. Mélangez bien.

5 Pour la sauce, fouettez la mayonnaise, la moutarde, le jus de citron et la crème aigre dans un bol. Versez la sauce sur la salade et remuez. Salez et poivrez, décorez de brins de ciboulette et servez tiède.

Salade d'épinards au bacon et aux œufs de caille

Pour 4 à 6 personnes

12 œufs de caille
2 c. c. d'huile
4 tranches de bacon en fines lamelles
300 g de pousses d'épinards
200 g de tomates cerises coupées en deux
100 g de pignons de pin grillés
sel et poivre du moulin

Assaisonnement
60 ml de vinaigre de cidre
3 gousses d'ail pilées
2 c. c. de moutarde de Dijon
2 c. c. de sirop d'érable
1 c. c. de sauce Worcestershire
60 ml d'huile d'olive

1 Portez de l'eau à ébullition dans une petite casserole et déposez délicatement les œufs de caille dedans. Laissez frémir 3 minutes. Rafraîchissez les œufs sous l'eau froide avant de les écaler.

2 Faites chauffer l'huile dans une poêle antiadhésive et saisissez le bacon 5 à 6 minutes, jusqu'à ce qu'il croustille. Égouttez-le sur du papier absorbant. Laissez l'huile de cuisson dans la poêle.

3 Rincez les épinards sous l'eau froide, supprimez les tiges et égouttez les feuilles dans un torchon, sans tasser. Mettez-les dans un saladier en recoupant les plus grandes feuilles. Ajoutez les tomates, le bacon et les pignons de pin. Coupez les œufs en deux et disposez-les sur la salade.

4 Faites réchauffer l'huile de cuisson du bacon dans la poêle avant d'ajouter le vinaigre, l'ail, la moutarde, le sirop d'érable et la sauce Worcestershire. Mélangez vigoureusement 2 minutes sur le feu, jusqu'à ce que ce mélange crépite, puis versez l'huile et laissez chauffer encore 1 minute. Versez cette sauce chaude sur la salade. Salez et poivrez. C'est prêt.

Taboulé

Pour 6 à 8 personnes

175 g de boulgour
200 g de persil plat
100 g de roquette
80 g de menthe
6 oignons nouveaux émincés
2 tomates hachées
2 gousses d'ail hachées
80 ml de jus de citron
125 ml d'huile d'olive
sel et poivre du moulin

1 Mettez le boulgour dans un récipient et couvrez-le d'eau chaude. Laissez-le gonfler 15 à 20 minutes puis égouttez-le dans un tamis, en tassant bien pour éliminer toute l'eau.

2 Mettez le boulgour bien essoré dans un saladier avec la menthe, la roquette et le persil finement hachés puis ajoutez les oignons nouveaux et les tomates.

3 Mélangez l'ail et le jus de citron dans un récipient. Incorporez l'huile d'olive en battant pour obtenir un mélange homogène. Salez et poivrez. Versez la sauce sur le taboulé et remuez. Servez aussitôt.

Salade de betterave et feta

Pour 4 personnes

1 kg de betterave cuite
200 g de haricots verts
1 c. s. de vinaigre de vin rouge
2 c. s. d'huile d'olive
1 gousse d'ail pilée
1 c. s. de câpres rincées, égouttées et grossièrement hachées
sel et poivre du moulin
100 g de feta

1 Découpez les betteraves en quartiers après les avoir pelées.

2 Portez de l'eau à ébullition dans une casserole et faites cuire les haricots 5 minutes. Égouttez-les et plongez-les aussitôt dans un saladier d'eau froide.

3 Pour la sauce, mettez le vinaigre, l'huile, l'ail et les câpres dans un bocal. Salez et poivrez, fermez le bocal et agitez vigoureusement. Disposez les haricots et les betteraves sur les assiettes de service. Émiettez la feta sur la salade et nappez de sauce.

Salade de cresson, pastèque et feta

Pour 4 personnes

2 c. s. de graines de tournesol
475 g de pastèque
coupée en dés de 1 cm
180 g de feta coupée en dés de 1 cm
75 g de cresson
2 c. s. d'huile d'olive
1 c. s. de jus de citron
2 c. c. d'origan haché
sel et poivre du moulin

1 Préchauffez une poêle et jetez-y les graines de tournesol pour les faire griller à sec 2 minutes, sans cesser d'agiter la poêle sur le feu.

2 Mettez la pastèque, la feta et le cresson dans un grand saladier. Mélangez l'huile d'olive, le jus de citron et l'origan dans un bol. Salez et poivrez. Versez la sauce sur la salade et remuez. Décorez de graines de tournesol.

Salade aux poires et aux noix, sauce au citron vert

Pour 4 personnes

16 tranches fines de baguette
huile d'olive
1 gousse d'ail coupée en deux
100 g de noix
200 g de ricotta
400 g de mesclun
2 poires coupées en cubes de 2 cm, mélangées à 2 c. s. de jus de citron vert

Vinaigrette au citron vert
60 ml de jus de citron vert
3 c. s. d'huile
2 c. s. de vinaigre de framboise
sel et poivre du moulin

1 Préchauffez le four à 180 °C. Badigeonnez le pain d'un peu d'huile, frottez-le d'ail et faites-le dorer 10 minutes au four. Étalez les noix sur une plaque de cuisson et faites-les griller 5 à 8 minutes pour qu'elles se colorent. Laissez refroidir 5 minutes.

2 Pour la vinaigrette au citron vert, mélangez dans un bol le jus de citron vert, l'huile et le vinaigre. Salez et poivrez. Réservez.

3 Étalez un peu de ricotta sur chacun des croûtons de pain et passez-les sous le gril chaud 2 à 3 minutes.

4 Mettez le mesclun, les poires et les noix dans un saladier, versez la vinaigrette et remuez. Répartissez la salade sur les assiettes de service et garnissez de croûtons à la ricotta. Servez aussitôt.

Salade de fèves au bacon et à la menthe

Pour 4 personnes

600 g de fèves surgelées
150 g de laitue détaillée en lanières
35 g de menthe ciselée
250 g de pancetta en tranches épaisses
1 c. s. d'huile d'olive
1 c. c. de moutarde de Dijon
2 c. c. de sucre en poudre
2 c. s. de vinaigre de vin blanc
60 ml d'huile d'olive
sel et poivre du moulin
4 pains pita pour servir

1 Faites blanchir les fèves dans de l'eau bouillante salée en respectant le temps de cuisson figurant sur l'emballage. Égouttez-les et rincez-les à l'eau froide. Débarrassez-les de leur peau et mettez-les dans un saladier avec la laitue et la menthe.

2 Découpez la pancetta en cubes. Versez l'huile dans une sauteuse et saisissez la pancetta pour qu'elle dore. Ajoutez-la ensuite dans le saladier.

3 Mélangez la moutarde, le sucre et le vinaigre dans un bocal. Ajoutez l'huile d'olive, salez et poivrez puis fermez le bocal et secouez vigoureusement. Faites légèrement griller les pains pita, disposez-les sur les assiettes de service, garnissez-les de salade et nappez de sauce.

PRATIQUE Si vous utilisez des fèves fraîches en saison, comptez 1,8 kg de fèves entières. Ébouillantez-les 2 minutes et débarrassez-les de leur peau avant de les cuisiner.

Salade aux figues et vinaigrette au gingembre

Pour 4 personnes

1 trévise rouge
1 petite frisée
3 oranges
1/2 oignon rouge en fines rondelles
8 figues coupées en quatre
3 c. s. d'huile d'olive
1 c. c. de vinaigre de vin rouge
1 pincée de cannelle moulue
2 c. s. de jus d'orange
2 c. s. de gingembre glacé, haché menu
sel et poivre du moulin
2 grenades (facultatif)

1 Lavez les salades à l'eau froide, essorez-les bien et recoupez les plus grandes feuilles au besoin. Mettez-les dans un grand saladier.

2 Pelez les oranges à vif et prélevez les quartiers en ôtant la membrane blanche qui les recouvre. Mettez-les dans le saladier avec l'oignon et les quartiers de figue (réservez-en huit).

3 Mélangez l'huile d'olive, le vinaigre, la cannelle, le jus d'orange et le gingembre dans un bol. Salez et poivrez. Nappez la salade de cette sauce et remuez.

4 Disposez les quartiers de figue réservés sur la salade. Ouvrez les grenades en deux, épépinez-les et répartissez la chair sur la salade avant de servir.

VARIANTE On peut remplacer les oranges par des mandarines.

Œufs en salade, sauce à la crème

Pour 4 personnes

10 gros œufs
sortis à température ambiante
1 jaune d'œuf
3 c. s. de jus de citron vert
2 c. c. de moutarde de Dijon
sel et poivre du moulin
70 ml d'huile d'olive
70 ml d'huile de tournesol
2 c. s. d'aneth ciselé
30 ml de crème fraîche
ou de crème aigre
2 c. s. de petites câpres,
rincées et égouttées
20 g de germe d'alfala

1 Portez de l'eau à ébullition dans une grande casserole, plongez-y les œufs et laissez frémir 10 minutes. Sortez les œufs et passez-les sous l'eau froide avant de les écaler.

2 Battez le jaune d'œuf, le jus de citron et la moutarde de Dijon au fouet électrique. Salez et poivrez. Sans cesser de fouetter, versez lentement l'huile d'olive et l'huile de tournesol, d'abord goutte à goutte puis en filet au fur et à mesure que le mélange épaissit. Quand la mayonnaise a pris, transférez-la dans un saladier et incorporez délicatement l'aneth, la crème fraîche et les câpres.

3 Hachez grossièrement les œufs et mettez-les dans le saladier. Remuez. Ciselez les germes d'alfala au-dessus du saladier et servez.

PRATIQUE On peut servir cette salade sur des tartines grillées.

Semoule aux aubergines

Pour 4 personnes

185 g de semoule instantanée
200 ml d'huile d'olive
1 oignon coupé en deux et émincé
1 aubergine avec la peau
3 c. c. de cumin moulu
2 c. c. de sel à l'ail
1 pincée de cannelle moulue
1 c. c. de paprika
1 pincée de clous de girofle moulus
50 g de beurre
30 g de persil grossièrement ciselé

1 Mettez la semoule dans un saladier et versez 375 ml d'eau bouillante. Laissez gonfler 10 minutes puis aérez la graine à la fourchette.

2 Faites fondre l'oignon 10 minutes dans 2 cuillerées à soupe d'huile, dans une poêle antiadhésive ; réservez.

3 Coupez l'aubergine en tranches de 1 cm puis en quartiers que vous mettrez dans un saladier. Mélangez le cumin, le sel, la cannelle, le paprika et le clou de girofle. Saupoudrez l'aubergine de ce mélange. Faites chauffer le reste d'huile dans la poêle et faites dorer les tranches d'aubergine 20 à 25 minutes, en retournant plusieurs fois. Retirez du feu et laissez refroidir.

4 Faites fondre le beurre dans une sauteuse et réchauffez-y la semoule quelques minutes avant d'incorporer l'oignon, l'aubergine et le persil. Servez aussitôt.

Salade de lentilles

Pour 4 à 6 personnes

1/2 oignon jaune
4 clous de girofle
300 g de lentilles vertes du Puy
1 zeste de citron
2 gousses d'ail pelées
1 feuille de laurier frais
2 c. c. de cumin moulu
2 c. s. de vinaigre de vin rouge
60 ml d'huile d'olive
1 c. s. de jus de citron
2 c. s. de menthe ciselée
3 oignons nouveaux hachés
sel et poivre du moulin

1 Piquez l'oignon de clous de girofle et mettez-le dans une cocotte avec les lentilles, le zeste de citron, l'ail, le laurier, la moitié du cumin et 875 ml d'eau. Portez à ébullition puis laissez mijoter 25 à 30 minutes. Toute l'eau doit être absorbée (prolongez la cuisson si les lentilles sont encore fermes ou jetez l'eau en excédent si elles sont tendres). Jetez l'oignon, le zeste de citron et le laurier. Récupérez l'ail et écrasez-le.

2 Mélangez le vinaigre, l'huile, le jus de citron, l'ail et le reste du cumin. Versez cette sauce sur les lentilles chaudes puis ajoutez la menthe et l'oignon nouveau. Salez et poivrez. Laissez reposer 30 minutes à température ambiante pour que les lentilles s'imprègnent du parfum des épices. Servez tiède.

Coleslaw

Pour 8 à 10 personnes

1/2 chou blanc
1/4 chou rouge
3 carottes grossièrement râpées
6 radis grossièrement râpés
1 poivron rouge haché
4 oignons nouveaux émincés
15 g de persil ciselé
250 g de mayonnaise
sel et poivre du moulin

1 Ôtez le cœur des choux puis détaillez les feuilles en fines lanières. Mettez-les dans un saladier avec les carottes, les radis, le poivron, l'oignon et le persil.

2 Ajoutez la mayonnaise, salez et poivrez généreusement. Mélangez et servez rapidement.

Salade de nouilles soba

Pour 4 à 6 personnes

200 g de haricots verts
200 g de nouilles soba
(nouilles japonaises)
1 c. s. de tahini (pâte de sésame)
1 gousse d'ail pilée
2 c. s. de vinaigre de riz
2 c. s. d'huile d'olive
1/2 c. s. d'huile de sésame
1 c. c. de sauce de soja
2 c. c. de sucre en poudre
2 oignons nouveaux émincés
3 c. c. de graines de sésame noires

1 Équeutez les haricots et coupez-les en deux. Faites-les cuire quelques minutes dans l'eau bouillante (ils doivent rester croquants) puis égouttez-les et rafraîchissez-les sous l'eau froide avant de les égoutter de nouveau.

2 Faites cuire les nouilles 5 minutes dans l'eau bouillante. Quand elles sont tendres, égouttez-les, rafraîchissez-les sous l'eau froide et égouttez-les à nouveau.

3 Mélangez le tahini, l'ail, le vinaigre, l'huile d'olive, l'huile de sésame, la sauce de soja, le sucre et 2 cuillerées à café d'eau chaude dans un bocal. Fermez-le et secouez vigoureusement.

4 Mettez les haricots, les nouilles, l'oignon et les graines de sésame dans un saladier. Nappez de sauce et remuez. Servez aussitôt.

Salade de tomates-mozzarella

Pour 4 personnes

3 belles tomates mûres
250 g de mozzarella
12 feuilles de basilic
60 ml d'huile d'olive
4 feuilles de basilic
grossièrement ciselées (facultatif)
sel et poivre du moulin

1 Coupez chaque tomate en quatre tranches. Coupez la mozzarella en vingt-quatre tranches.

2 Garnissez le plat de service en alternant 1 tranche de tomate et 2 tranches de mozzarella. Glissez les feuilles de basilic entre les tranches de mozzarella.

3 Arrosez d'huile d'olive, parsemez de basilic ciselé, salez et poivrez généreusement. Servez aussitôt.

Carottes à la marocaine

Pour 4 à 6 personnes

4 carottes
2 gousses de cardamome
1 c. c. de graines de moutarde noire
1/2 c. c. de cumin moulu
1/2 c. c. de gingembre râpé
1 c. c. de paprika
1/2 c. c. de coriandre moulue
80 ml d'huile d'olive
1 c. s. de jus de citron
2 c. s. de jus d'orange
35 g de raisins de Corinthe
25 g de coriandre ciselée
2 c. s. de noix de pistaches concassées finement
1 c. c. d'eau de fleurs d'oranger
250 g de yaourt épais

1 Pelez les carottes et râpez-les grossièrement dans un saladier.

2 Écrasez les gousses de cardamome pour en extraire les graines. Faites griller les graines de moutarde à sec dans une poêle. Quand elles commencent à sauter, ajoutez le cumin, le gingembre, le paprika, les graines de cardamome et la coriandre moulue. Laissez chauffer 5 secondes pour que le mélange embaume. Retirez du feu et incorporez l'huile, les raisins, le jus de citron et le jus d'orange en remuant sans cesse.

3 Versez cette sauce sur les carottes et laissez reposer 30 minutes. Ajoutez la coriandre ciselée et remuez. Garnissez de pistaches concassées. Fouettez le yaourt et l'eau de fleurs d'oranger et proposez ce mélange avec la salade.

Salade verte et sa sauce au brie

Pour 4 personnes

1/2 baguette au levain
165 ml d'huile d'olive
6 tranches de bacon
1 gousse d'ail entière, sans la peau
2 cœurs de romaine
90 g de pousses d'épinards
80 g de pignons de pin grillés
2 échalotes jaunes hachées
1 gousse d'ail pilée
1 c. s. de moutarde de Dijon
80 ml de vinaigre de Xérès
300 g de brie à point, sans la croûte

1 Préchauffez le four à 180 °C. Coupez la baguette en tranches fines et badigeonnez celles-ci d'huile d'olive sur un seul côté. Faites dorer 20 minutes au four.

2 Pendant ce temps, faites griller le bacon dans une poêle antiadhésive jusqu'à ce qu'il soit croustillant puis émiettez-le grossièrement. Quand les tranches de pain sont bien dorées, sortez-les du four et frottez-les d'ail des deux côtés.

3 Nettoyez les feuilles de romaine, égouttez-les et mettez-les avec les pousses d'épinards dans un saladier. Ajoutez le bacon, les croûtons frottés d'ail et les pignons de pin.

4 Faites chauffer le reste d'huile dans une poêle et faites fondre l'échalote puis la gousse d'ail pilée. Incorporez la moutarde et le vinaigre, puis le brie coupé en petits morceaux. Remuez sur le feu jusqu'à ce que le fromage ait fondu. Retirez du feu et versez la sauce encore chaude sur la salade. Remuez. C'est prêt.

Brochettes de légumes à la salsa verde

Pour 8 personnes

Salsa verde
1 gousse d'ail
1 c. s. de câpres rincées et égouttées
20 g de persil plat
15 g de basilic
10 g de menthe
80 ml d'huile d'olive
1 c. c. de moutarde de Dijon
1 c. s. de vinaigre de vin rouge
sel et poivre du moulin

16 petits pâtissons
16 carottes nouvelles pelées
16 échalotes pelées
1 poivron rouge en lamelles de 2 cm
16 petites courgettes
2 gousses d'ail pilées
1 c. c. de thym ciselé
1 c. s. d'huile d'olive

1 Préparez la salsa verde : mixez grossièrement l'ail, les câpres, le persil, le basilic et la menthe puis versez l'huile d'olive en un filet mince, sans cesser de mixer, avant d'ajouter la moutarde et le vinaigre. Salez et poivrez. Conservez au réfrigérateur jusqu'au moment de servir.

2 Faites cuire les légumes à la vapeur puis mettez-les dans un récipient avec l'ail, le thym et l'huile. Salez et poivrez généreusement. Préchauffez le four en position gril.

3 Enfilez les légumes sur des piques à brochette puis faites-les griller quelques minutes au four pour qu'ils dorent.

4 Présentez les brochettes avec la salsa verde et servez avec du riz blanc ou de la semoule.

Salade de tomates rôties

Pour 6 personnes

6 tomates olivettes
2 c. c. de câpres rincées et égouttées
6 feuilles de basilic ciselées
1 c. s. d'huile d'olive
1 c. s. de vinaigre balsamique
2 gousses d'ail pilées
1/2 c. c. de miel
sel et poivre du moulin

1 Coupez les olivettes en quatre dans la longueur. Placez les quartiers sur une grille et faites-les dorer 10 minutes sous le gril du four. Quand ils sont colorés, laissez-les refroidir avant de les transférer dans un saladier.

2 Mélangez les câpres, le basilic, l'huile, le vinaigre, l'ail et le miel dans un bol. Salez et poivrez. Versez cette sauce sur les tomates et remuez. Servez aussitôt.

Salade de haricots

Pour 6 personnes

250 g de haricots verts
250 g de haricots beurre
60 ml d'huile d'olive
1 c. s. de jus de citron
1 gousse d'ail pilée
sel et poivre du moulin
copeaux de parmesan

1 Portez à ébullition de l'eau légèrement salée dans une casserole, jetez-y tous les haricots et laissez cuire 3 minutes. Quand ils sont juste tendres, égouttez-les et plongez-les dans l'eau froide avant de les égoutter de nouveau.

2 Battez l'huile, le jus de citron et l'ail dans un bol. Salez et poivrez. Mettez les haricots dans un saladier, versez la sauce dessus et remuez. Décorez de copeaux de parmesan avant de servir.

Salade de pommes de terre à l'aneth

Pour 4 personnes

600 g de pommes de terre
à chair ferme
2 œufs
2 c. s. d'aneth haché
2 échalotes hachées
1 jaune d'œuf
sel et poivre du moulin
2 c. c. de jus de citron
1 c. c. de moutarde de Dijon
100 ml d'huile d'olive

1 Faites cuire les pommes de terre 20 minutes dans l'eau bouillante. Ajoutez les œufs au bout de 10 minutes. Sortez les pommes de terre et les œufs et laissez refroidir. Pelez les pommes de terre et coupez-les en dés. Écalez les œufs et hachez-les. Dans un grand saladier, mélangez les pommes de terre, les œufs, l'aneth et l'échalote. Salez et poivrez. Mélangez.

2 Fouettez le jaune d'œuf, le jus de citron, la moutarde et une pincée de sel au batteur électrique puis versez progressivement l'huile sans cesser de fouetter pour obtenir une mayonnaise ferme. Incorporez-la délicatement aux pommes de terre. Servez tiède.

Salade de betteraves et de patates douces à la feta

Pour 4 personnes

350 g de betteraves crues épluchées et lavées
350 g de patate douce coupées en dés
60 ml d'huile aromatisée à l'ail
sel et poivre du moulin
1 tête d'ail
3 c. s. d'huile d'olive
20 g de beurre
1 oignon rouge en quartiers de 1 cm
1 c. s. de vinaigre balsamique
1 c. c. de sucre roux
2 c. s. de jus de citron
1 c. s. de basilic ciselé
150 g de pousses d'épinards
1 c. c. de feuilles de romarin
120 g de feta

1 Préchauffez le four à 180 °C. Enveloppez chaque betterave dans du papier d'aluminium et posez-les sur une plaque de cuisson. Badigeonnez d'huile aromatisée les morceaux de patate douce, salez et poivrez puis mettez-les ainsi que la tête d'ail sur la plaque. Faites rôtir 35 à 40 minutes au four. Piquez les légumes avec la pointe d'un couteau pour vérifier leur degré de cuisson puis sortez-les du four et laissez-les refroidir.

2 Faites fondre le beurre dans 1 cuillerée à soupe d'huile d'olive chaude, puis faites fondre l'oignon 15 minutes en remuant de temps en temps. Incorporez alors le vinaigre et le sucre. Poursuivez la cuisson 3 à 5 minutes. L'oignon doit commencer à caraméliser.

3 Pelez les gousses d'ail et mélangez leur pulpe avec le jus de citron, le basilic et le reste d'huile. Salez et poivrez.

4 Coupez les betteraves en tranches fines et mettez-les dans un saladier avec la patate douce, les épinards, l'oignon et les feuilles de romarin. Émiettez la feta sur la salade et arrosez de sauce.

PRATIQUE Vous pouvez préparer de l'huile aromatisée en faisant mariner de l'ail pilé dans de l'huile d'olive pendant 2 heures. Il suffit ensuite de filtrer l'huile.

Caponata

Pour 8 personnes

1 kg d'aubergines en dés
185 ml d'huile d'olive
200 g de courgettes coupées en dés
1 poivron rouge émincé
2 oignons émincés
4 branches de céleri émincées
400 g de tomates concassées en boîte
3 c. s. de vinaigre de vin rouge
2 c. s. de sucre en poudre
2 c. s. de câpres rincées et égouttées
24 olives vertes dénoyautées
2 c. s. de pignons de pin grillés

1 Faites dégorger les aubergines dans une passoire avec 2 cuillerées à café de sel.

2 Faites chauffer 3 cuillerées à soupe d'huile dans une sauteuse et faites revenir les courgettes et le poivron 5 à 6 minutes. Quand ils commencent à prendre couleur, mettez-les dans un saladier. Ajoutez un peu d'huile dans la sauteuse et faites fondre les oignons et le céleri 6 à 8 minutes puis ajoutez-les dans le saladier.

3 Rincez les aubergines et essuyez-les avec du papier absorbant. Versez 60 ml d'huile dans la sauteuse, augmentez le feu et saisissez les aubergines de toutes parts. Quand elles sont bien dorées et cuites à point, faites-les égoutter sur du papier absorbant et réservez.

4 Jetez l'huile mais ne lavez pas la sauteuse. Remettez les légumes dedans, à l'exception des aubergines.

5 Versez dans la sauteuse 60 ml d'eau et les tomates avec leur jus. Baissez le feu et laissez mijoter 10 minutes. Incorporez les aubergines, le vinaigre, le sucre, les câpres, les olives et les pignons de pin. Retirez du feu et laissez refroidir. Gardez 24 heures au réfrigérateur. Ajoutez un peu de vinaigre et poivrez au moment de servir. Accompagnez de pain de campagne grillé.

Frisée à l'ail et aux lardons

Pour 4 à 6 personnes

Vinaigrette
1 échalote jaune hachée
1 c. s. de moutarde de Dijon
60 ml de vinaigre d'estragon
170 ml d'huile d'olive

1 c. s. d'huile d'olive
250 g de lardons en allumettes
1/2 baguette coupée en tranches
4 gousses d'ail
1 frisée
100 g de cerneaux de noix grillés

1 Pour la vinaigrette, mélangez l'échalote, la moutarde et le vinaigre dans un bol. Versez l'huile en filet tout en battant, jusqu'à ce que la sauce épaississe.

2 Faites dorer les lardons dans une poêle puis ajoutez les tranches de pain et l'ail. Laissez-les prendre couleur (comptez environ 8 minutes de cuisson). Jetez l'ail.

3 Mélangez la frisée, les lardons, le pain et les cerneaux de noix dans un saladier. Versez la vinaigrette et remuez. C'est prêt.

Desserts

Cheesecake au citron

Pour 8 personnes

100 g de petit-beurre écrasés
75 g de beurre fondu
300 g de ricotta allégée
200 g de fromage frais allégé
125 g de sucre glace
80 ml de jus de citron
2 c. s. de zeste de citron râpé
1 œuf
1 blanc d'œuf

1 Préchauffez le four à 160 °C. Graissez un moule à fond amovible et chemisez-le de papier sulfurisé. Mélangez les biscuits écrasés et le beurre. Tassez cet appareil dans le fond du moule et mettez 30 minutes au réfrigérateur.

2 Battez au fouet électrique la ricotta, le fromage frais, le sucre, le jus de citron et la moitié du zeste de citron, jusqu'à obtention d'un mélange onctueux. Incorporez alors l'œuf et le blanc d'œuf.

3 Versez cette préparation dans le moule et saupoudrez le dessus avec le reste du zeste de citron. Faites cuire 45 minutes au four. Le centre du gâteau doit rester moelleux. Laissez tiédir puis réservez 5 heures au réfrigérateur avant de servir.

Salade de fruits du verger

Pour 4 personnes

90 g de miel
1/2 c. c. de gingembre moulu
1 bâton de cannelle
3 clous de girofle entiers
1 pincée de noix de muscade moulue
750 ml de vin moelleux
1 zeste de citron
60 ml de jus de citron
6 prunes dénoyautées
3 pêches séchées coupées en deux
5 dattes dénoyautées
et coupées en deux
10 abricots secs
1 sachet de thé Lapsang Souchong
2 pommes
2 poires

1 Mettez le miel, le gingembre, le bâton de cannelle, les clous de girofle, la noix de muscade, le vin, le zeste de citron et le jus de citron dans une casserole. Portez à ébullition puis laissez frémir 20 minutes.

2 Pendant ce temps, mettez les fruits secs et le sachet de thé dans un récipient. Couvrez d'eau bouillante et laissez gonfler avec le sachet de thé. Pelez les pommes et les poires, retirez le cœur puis coupez-les en morceaux de la même taille que les fruits secs. Ajoutez ces fruits dans la casserole et laissez frémir 8 à 10 minutes. Égouttez les fruits secs (jetez le sachet de thé) et mettez-les dans la casserole ; laissez cuire encore 5 minutes.

3 Sortez tous les fruits avec une écumoire et transférez-les dans un plat de service. Remettez la casserole sur le feu, portez à ébullition puis laissez frémir 6 minutes pour que le sirop réduise de moitié. Versez sur la salade de fruits et laissez refroidir 30 minutes au moins avant de servir.

Fruits rouges en gelée au champagne

Pour 8 personnes

75 cl de champagne ou de vin pétillant
2 c. s. de gélatine en poudre
250 g de sucre
4 zestes de citron
4 zestes d'orange
500 g de fruits rouges mélangés (myrtilles, fraises, framboises)

1 Versez 500 ml de champagne dans un saladier et laissez-le s'éventer. Saupoudrez la gélatine sur le champagne et attendez qu'elle gonfle, sans remuer. Versez le reste de champagne dans une casserole avec le sucre, les zestes de citron et d'orange et laissez chauffer doucement 3 à 4 minutes sans cesser de remuer, jusqu'à ce que tout le sucre soit dissous.

2 Retirez la casserole du feu et incorporez délicatement le mélange champagne-gélatine. Attendez le complet refroidissement puis retirez les zestes d'orange et de citron.

3 Répartissez les fruits rouges dans des coupes ou des verres à pied puis versez la gelée dessus. Réservez 6 heures au réfrigérateur, jusqu'à ce que la gelée ait bien pris. Sortez du réfrigérateur 15 minutes avant de servir.

Diplomates aux amaretti

Pour 4 personnes

420 ml de lait écrémé
2 c. s. de sucre en poudre
1 c. c. d'extrait de vanille
2 c. s. de préparation pour crème anglaise
1 c. s. de marsala
2 c. c. de café instantané en poudre
16 amaretti en gros morceaux (biscuits aux amandes amères)
2 c. s. de jus d'orange
200 g de framboises fraîches
425 g de poires au naturel égouttées et coupées en gros cubes

1 Mettez le lait, le sucre et la vanille dans une casserole à fond épais et laissez cuire à feu doux en remuant de temps en temps. Délayez la préparation pour crème anglaise dans 2 cuillerées à soupe d'eau jusqu'à obtention d'une pâte lisse et incorporez cette dernière au lait vanillé. Continuez la cuisson sans cesser de remuer, jusqu'à épaississement. Retirez du feu et couvrez. Laissez refroidir.

2 Mélangez le marsala et le café en poudre dans un bol en remuant bien. Mettez les amaretti dans un saladier avec le jus d'orange et retournez-les pour bien les en imprégner. Tapissez le fond de quatre coupes avec la moitié des biscuits et arrosez du mélange au marsala. Ajoutez un tiers des framboises, la moitié des poires puis la moitié de la crème anglaise. Répétez l'opération avec le reste des amaretti, un tiers des framboises puis le reste des poires et le reste de la crème anglaise. Décorez le dessus avec le reste des framboises. Réservez au réfrigérateur jusqu'au moment de servir.

Bouchées de chocolat à la glace à la framboise

Pour 4 personnes

300 g de quatre-quarts au chocolat
2 c. s. de liqueur de framboise
250 g de framboises fraîches
50 g de sucre en poudre
1 c. c. de jus de citron
1 l de glace à la vanille ramollie
sucre glace pour saupoudrer

1 Coupez quatre tranches de quatre-quarts dans lesquelles vous prélevez huit disques de 6,5 cm de diamètre. Badigeonnez-les avec la moitié de la liqueur de framboise, couvrez et réservez.

2 Chemisez un moule carré de papier sulfurisé en laissant ce dernier dépasser sur deux côtés opposés. Mettez les framboises, le sucre, le jus de citron et le reste de liqueur dans un récipient et mixez le tout pour obtenir un coulis épais. Réservez-en 125 ml et incorporez le reste à la glace à la vanille. Transférez la glace dans le moule et congelez 2 heures.

3 Sortez la glace du congélateur et démoulez-la en vous aidant du papier sulfurisé. Avec un emporte-pièce, découpez quatre disques de 6,5 cm de diamètre.

4 Superposez 1 disque de gâteau, 1 disque de glace puis 1 disque de gâteau. Lissez la glace sur les bords si nécessaire. Laissez raffermir 5 minutes au congélateur. Saupoudrez de sucre glace et servez avec le coulis de framboise.

Sorbet à la mangue

Pour 4 personnes

375 g de sucre glace
125 ml de jus de citron vert
5 mangues fraîches (1,5 kg)

1 Mettez le sucre dans une casserole avec 625 ml d'eau. Remuez à feu doux puis portez à ébullition. Baissez le feu et laissez frémir 15 minutes avant d'incorporer le jus de citron.

2 Pelez les mangues et dénoyautez-les. Hachez la pulpe et mettez-la dans un récipient. Versez le sirop de sucre et laissez refroidir.

3 Transférez cette préparation dans le bol du robot et mixez jusqu'à obtention d'un mélange onctueux. Versez ce mélange dans un moule et congelez 1 heure jusqu'à ce qu'il commence à prendre. Mixez à nouveau ce mélange puis remettez-le dans le moule et congelez 1 heure. Répétez cette opération encore trois fois. Pour le dernier passage au congélateur, mettez le sorbet dans un récipient hermétique et couvrez de papier sulfurisé avant de mettre le couvercle. Servez le sorbet avec des fruits tropicaux, en prenant soin de le sortir 10 minutes à l'avance.

PRATIQUE Vous pouvez utiliser de la mangue congelée. Dans ce cas, comptez 1 kg de mangue congelée pour 185 g de sucre glace et 60 ml de jus de citron vert.

Salade de fruits exotiques au gingembre et à la citronnelle

Pour 4 personnes

60 g de sucre glace
1 morceau de gingembre frais émincé
1 tige de citronnelle
écrasée et coupée en deux
1 fruit de la passion
1 papaye rouge
1/2 melon d'Espagne
1 mangue
1 petit ananas frais
12 lychees frais
5 feuilles de menthe ciselées

1 Mettez le sucre, le gingembre et la citronnelle dans une casserole. Ajoutez 125 ml d'eau, remuez bien puis laissez bouillir 5 minutes : vous devez obtenir 80 ml de liquide. Laissez refroidir.

2 Filtrez le sirop et incorporez la pulpe du fruit de la passion.

3 Pelez et épépinez la papaye et le melon. Coupez-les en dés. Épluchez la mangue et découpez la chair en cubes. Pelez l'ananas, coupez-le en deux, retirez la partie dure au cœur et découpez la chair en dés. Ôtez la peau des lychees et retirez le noyau après avoir légèrement fendu le fruit.

4 Mettez tous les fruits dans un saladier. Versez le sirop dessus et décorez de menthe ciselée.

Glace banane-chocolat

Pour 6 personnes

600 ml de crème anglaise allégée prête à l'emploi
2 bananes bien mûres écrasées
2 c. c. de jus de citron
50 g de pépites de chocolat noir

1 Mélangez la crème anglaise, les bananes et le jus de citron dans un bol. Fouettez le tout au batteur électrique pour amalgamer les ingrédients sans laisser de grumeaux.

2 Versez cet appareil dans un moule en métal, couvrez de film alimentaire et laissez 3 à 4 heures au congélateur, jusqu'à ce que le mélange soit presque congelé. Transférez-le dans un récipient réfrigéré et fouettez-le 2 minutes au batteur électrique pour le ramollir. Répétez l'opération trois fois.

3 Incorporez les pépites de chocolat avant la dernière congélation de la glace puis mettez celle-ci dans un récipient hermétique. Sortez-la 10 minutes avant de servir.

Pudding aux fruits d'été

Pour 6 personnes

150 g de cassis
150 g de groseilles
150 g de framboises
150 g de mûres
200 g de fraises équeutées et coupées en deux
125 g de sucre glace
6 à 8 tranches de pain de mie ou de brioche sans la croûte

1 Mettez tous les fruits rouges, à l'exception des fraises, dans une casserole avec 125 ml d'eau et laissez chauffer 5 minutes. Ajoutez les fraises et retirez du feu. Incorporez le sucre, remuez et laissez refroidir.

2 Disposez le pain de mie ou la brioche sur le fond et les parois d'un moule à charlotte (ou de six moules individuels). Filtrez une petite quantité du jus de cuisson des fruits et badigeonnez-en le pain de mie une fois qu'il a été mis en place dans le moule.

3 Garnissez le moule de fruits et mouillez avec un peu de jus. Couvrez avec le reste du pain après l'avoir également badigeonné de jus de cuisson des fruits. Couvrez de film alimentaire. Posez une assiette plate dessus et ajoutez un poids. Réfrigérez toute une nuit. Démoulez délicatement et servez avec des fruits rouges frais ou une crème glacée à la vanille.

Mousse au chocolat blanc

Pour 8 personnes

100 g de chocolat blanc en morceaux
125 ml de lait écrémé
2 c. c. de gélatine en poudre
400 g de fromage blanc allégé
ou de yaourt allégé à la vanille
3 c. s. de pulpe de fruit de la passion
3 blancs d'œufs
sucre glace (facultatif)

1 Mettez le chocolat avec le lait dans une casserole et faites-le fondre au bain-marie. Laissez refroidir. Versez 60 ml d'eau bouillante dans un récipient, saupoudrez de gélatine et remuez jusqu'à dissolution. Avec une cuillère en bois, incorporez la gélatine à la préparation chocolatée.

2 Dans un saladier, mélangez délicatement la préparation chocolatée et le fromage blanc, en procédant en plusieurs fois. Ajoutez enfin la pulpe de fruit de la passion.

3 Montez les blancs d'œufs en neige ferme puis incorporez-les délicatement au mélange chocolaté. Transférez le tout dans huit coupes de service et réfrigérez au moins 3 heures. Saupoudrez éventuellement de sucre glace au moment de servir.

PRATIQUE Tous les ingrédients doivent être à température ambiante pour que la mousse soit onctueuse.

Granité de pastèque

Pour 4 personnes

250 g de sucre en poudre
1,5 kg de pastèque

1 Mettez le sucre dans une casserole avec 250 ml d'eau et faites chauffer à feu doux, en remuant sans cesse. Portez à ébullition puis baissez le feu et laissez frémir 5 minutes. Mettez à refroidir dans un saladier.

2 Épluchez la pastèque et coupez-la grossièrement avant de la mixer pour obtenir un coulis. Filtrez ce dernier pour en ôter tous les pépins puis incorporez-le au sirop de sucre et versez la préparation obtenue dans un moule peu profond. Congelez 1 heure puis grattez la surface glacée à la fourchette et fouettez le sorbet pour bien mélanger. Répétez l'opération au moins deux fois.

3 Battez une dernière fois le mélange à la fourchette et servez-le dans des coupes individuelles. Accompagnez éventuellement de morceaux de pastèque et de melon.

VARIANTE Pour obtenir une saveur encore plus rafraîchissante, ajoutez 2 cuillerées à soupe de sirop ou de liqueur de menthe avant le dernier passage au congélateur.

Semifreddo aux amandes

Pour 8 à 10 personnes

300 ml de crème fraîche
4 œufs à température ambiante, blancs et jaunes séparés
85 g de sucre glace
60 ml d'amaretto (liqueur aux amandes amères)
80 g d'amandes grillées et hachées
8 amaretti écrasés (biscuits aux amandes amères)

1 Fouettez la crème jusqu'à ce qu'elle soit bien ferme. Couvrez et laissez refroidir. Tapissez un moule à cake de film alimentaire en laissant ce dernier dépasser sur les côtés.

2 Battez les jaunes d'œufs et le sucre glace jusqu'à obtention d'un mélange mousseux. Montez les blancs en neige ferme dans un autre récipient. Ajoutez l'amaretto, les amandes et les biscuits dans les jaunes d'œufs battus puis incorporez-y en plusieurs fois les blancs en neige. Transférez cette préparation dans le moule et recouvrez avec le film qui dépasse. Congelez 4 heures. Servez en tranches avec des fruits frais ou nappé d'amaretto.

PRATIQUE Le semifreddo se sert onctueux. Si vous le préparez la veille, pensez à le sortir au moins 30 minutes avant de servir, pour qu'il ait le temps de ramollir.

Tartelettes à la crème

Pour 12 personnes

3 feuilles de pâte brisée prête à l'emploi
250 ml de lait écrémé
1 c. s. de préparation pour crème anglaise
60 g de sucre en poudre
1 c. c. d'extrait de vanille
80 ml de pulpe de fruit de la passion
1/2 c. c. de gélatine en poudre

1 Préchauffez le four à 180 °C. Découpez douze disques dans la pâte avec un emporte-pièce et chemisez-en autant de moules à tartelettes. Piquez les fonds à la fourchette.

2 Tapissez les fonds de tarte de papier sulfurisé, ajoutez quelques haricots secs et faites cuire la pâte à blanc pendant 10 minutes au four. Retirez le papier sulfurisé et les haricots puis laissez cuire encore 5 minutes. Laissez refroidir sur une grille.

3 Délayez la préparation pour crème anglaise dans 1 cuillerée à soupe de lait. Mettez dans une casserole le sucre, la vanille et le reste du lait. Faites chauffer 1 minute à feu doux puis incorporez la préparation pour crème anglaise et laissez cuire 2 à 3 minutes à feu doux, sans cesser de remuer, jusqu'à épaississement. Transférez dans un récipient, couvrez et laissez refroidir à température ambiante.

4 Mélangez la pulpe de fruit de la passion et la gélatine puis faites prendre le tout au bain-marie, sans cesser de remuer. Laissez tiédir à température ambiante. Garnissez les tartelettes de crème anglaise puis nappez-les de gélatine. Laissez reposer au moins 2 heures avant de servir.

Zucotti

Pour 6 personnes

450 g de quatre-quarts tout prêt
120 ml de Cointreau
300 ml de crème fraîche épaisse
3 c. c. de sucre glace tamisé
80 g d'amandes grillées
et grossièrement broyées
70 g de noisettes grillées
et grossièrement broyées
150 g de chocolat noir en morceaux

1 Découpez le quatre-quarts en tranches de 5 mm d'épaisseur. Graissez six ramequins et tapissez-les de film alimentaire en laissant ce dernier dépasser sur les côtés. Mettez en place les morceaux de quatre-quarts sur le fond et les parois des ramequins en les faisant se chevaucher. Badigeonnez cette garniture avec la moitié du Cointreau.

2 Fouettez la crème et le sucre glace jusqu'à obtention d'une préparation ferme. Incorporez alors les amandes, les noisettes, le chocolat et 2 cuillerées à café de Cointreau.

3 Garnissez les ramequins de cet appareil et lissez la surface. Rabattez le film alimentaire qui dépasse sur la garniture et réfrigérez au moins 2 heures. Pour servir, démoulez les zucotti sur les assiettes à dessert et badigeonnez-les avec le reste du Cointreau.

Sorbet pomme-poire

Pour 4 à 6 personnes

4 grosses pommes vertes pelées, évidées et coupées en morceaux
4 poires pelées, évidées et coupées en morceaux
1 zeste de citron
1 bâton de cannelle
60 ml de jus de citron
4 c. s. de sucre glace
2 c. s. de calvados ou d'eau-de-vie de poire (facultatif)

1 Mettez les morceaux de pomme et de poire dans une casserole avec le zeste de citron et le bâton de cannelle. Couvrez d'eau et faites pocher 10 minutes à feu doux. Retirez le zeste de citron et la cannelle. Transférez les fruits dans le bol du robot avec le jus de citron et mixez jusqu'à obtention d'un mélange homogène.

2 Mettez le sucre dans une casserole avec 80 ml d'eau, portez à ébullition et laissez mijoter 1 minute. Ajoutez la purée de fruits et l'alcool de pomme ou de poire. Mélangez.

3 Transférez cette préparation dans un moule et congelez 2 heures. Quand les bords ont commencé à prendre, remettez la glace dans le bol du robot et mixez jusqu'à obtention d'un mélange lisse. Reversez-la ensuite dans le moule et congelez à nouveau. Renouvelez cette opération trois fois. Servez dans des coupes individuelles ou dans de petits verres.

PRATIQUE Versez une rasade d'alcool sur le sorbet juste avant de servir.

Poires pochées aux épices

Pour 6 personnes

6 poires
300 ml de vin rosé
150 ml de jus de poire ou de jus de pomme
4 clous de girofle
1 gousse de vanille fendue en deux
1 bâton de cannelle
1 c. s. de sirop d'érable

1 Pelez les poires, coupez-les en deux et retirez le cœur. Mettez-les dans une sauteuse avec le vin, le jus de fruit et les clous de girofle. Prélevez les graines de vanille et ajoutez-les dans la sauteuse avec la gousse de vanille, le bâton de cannelle et le sirop d'érable. Portez à ébullition puis laissez frémir 5 à 7 minutes. Quand les poires sont tendres, retirez du feu et couvrez.

2 Laissez reposer 30 minutes à température ambiante pour que les poires s'imprègnent des épices puis sortez-les avec une écumoire et disposez-les dans les coupelles de service. Remettez le sirop sur le feu et laissez bouillir 6 à 8 minutes pour qu'il réduise de moitié. Versez-le encore chaud sur les poires. Servez chaud ou froid.

Gelée de lychees au gingembre

Pour 6 personnes

565 g de lychees en boîte
500 ml de jus de pomme sans sucre ajouté
80 ml de jus de citron vert
2 c. s. de sucre en poudre
1 morceau de gingembre frais pelé et émincé
4 feuilles de gélatine (environ 5 g)
quelques feuilles de menthe

1 Égouttez les lychees et réservez 250 ml de sirop. Versez ce dernier dans une casserole avec le jus de pomme, le jus de citron, le sucre et le gingembre. Portez à ébullition puis laissez frémir 5 minutes. Filtrez ce mélange au-dessus d'un récipient résistant à la chaleur.

2 Faites tremper les feuilles de gélatine 2 minutes dans l'eau froide pour les faire ramollir puis égouttez-les et mettez-les à tremper dans le sirop. Remuez jusqu'à complète dissolution et laissez refroidir.

3 Versez 2 cuillerées à soupe de cette gelée dans six verres à pied et répartissez les lychees dessus. Laissez prendre au réfrigérateur. Versez le reste de gelée sur les fruits et laissez prendre à nouveau au réfrigérateur. Décorez de feuilles de menthe et servez.

Pêches au vin

Pour 4 personnes

4 pêches jaunes
500 ml de vin moelleux
60 ml de liqueur d'orange
250 g de sucre
1 bâton de cannelle
1 gousse de vanille fendue en deux
8 feuilles de menthe

1 Entaillez en croix la base des pêches, plongez-les 30 secondes dans l'eau bouillante puis égouttez-les. Épluchez-les, coupez-les en deux et retirez le noyau.

2 Mettez le vin, la liqueur, le sucre, le bâton de cannelle et la gousse de vanille dans une grande sauteuse. Faites dissoudre le sucre à feu doux puis portez à ébullition et laissez frémir 5 minutes. Déposez les moitiés de pêche dans le fond et laissez frémir à nouveau 4 minutes, en retournant les fruits à mi-cuisson. Sortez les pêches avec une écumoire et mettez-les à refroidir dans un plat. Pendant ce temps, laissez frémir le sirop encore 8 minutes, jusqu'à épaississement, puis filtrez-le. Réservez à température ambiante.

3 Disposez les pêches dans les coupelles de service, nappez-les de sirop et décorez chaque moitié de fruit d'une feuille de menthe. Servez chaud ou froid.

Granité au citron

Pour 6 personnes

315 ml de jus de citron
1 c. s. de zeste de citron
200 g de sucre

1 Mélangez le jus de citron, le zeste et le sucre dans une casserole et laissez cuire 5 minutes à feu doux, jusqu'à dissolution du sucre. Retirez du feu et laissez refroidir.

2 Ajoutez 500 ml d'eau dans la casserole et mélangez bien. Étalez ce mélange en une couche assez fine dans un grand plat rectangulaire et congelez jusqu'à ce que la préparation commence à prendre sur les bords. Grattez les bords et ramenez-les vers le centre du plat avec une fourchette. Répétez cette opération toutes les 30 minutes, jusqu'à ce que la préparation soit uniformément cristallisée. Servez la granita dans six verres préalablement réfrigérés.

Panna cotta

Pour 4 personnes

huile d'olive
2 c. c. de gélatine en poudre
300 ml de lait de chèvre
ou de lait de vache
300 ml de crème
2 c. s. de sucre
1 c. c. d'extrait de vanille

Coulis de myrtilles
15 g de sucre en poudre
150 g de myrtilles fraîches
100 ml de marsala
1 bâton de cannelle
1 zeste de citron râpé
1/2 gousse de vanille fendue en deux

1 Graissez 4 ramequins d'une contenance de 150 ml. Mettez la gélatine et 2 cuillerées à soupe d'eau dans un petit saladier. Placez ce saladier dans un grand saladier d'eau chaude en mélangeant bien jusqu'à dissolution de la gélatine.

2 Mélangez le lait, la crème et le sucre dans une casserole et faites chauffer à feu doux jusqu'à ce que le mélange frémisse. Retirez du feu et incorporez la gélatine dans cette préparation en battant. Laissez refroidir quelques minutes puis ajoutez l'extrait de vanille. Versez cette préparation dans les ramequins et réfrigérez 6 heures jusqu'à ce que les panna cotta soient fermes.

3 Préparez le coulis. Mettez les fruits et le sucre dans une casserole. Ajoutez le marsala, la cannelle, le zeste de citron et la gousse de vanille. Faites cuire 15 minutes à feu doux, en remuant de temps en temps. Retirez les fruits et faites cuire le sirop encore 15 minutes pour qu'il épaississe. Mélangez les fruits et le sirop dans un récipient. Laissez refroidir au moins 2 heures.

4 Démoulez les panna cotta sur des assiettes en vous aidant d'un couteau. Nappez-les de coulis de myrtilles après en avoir ôté la cannelle, le zeste de citron et la gousse de vanille. Servez aussitôt.

Mousse au chocolat

Pour 4 personnes

250 g de chocolat noir de qualité supérieure, en morceaux
3 œufs
60 g de sucre en poudre
2 c. c. de rhum brun
250 ml de crème fouettée
chocolat noir râpé (pour décorer)

1 Mettez le chocolat en morceaux dans un récipient résistant au feu et faites-le fondre au bain-marie en remuant de temps en temps. Réservez.

2 Travaillez les œufs et le sucre 5 minutes au batteur électrique, jusqu'à ce que le mélange blanchisse. Avec une cuillère en métal, incorporez le chocolat fondu et le rhum. Laissez le mélange refroidir, puis incorporez délicatement la crème fouettée. Mélangez sans excès.

4 Dressez cette préparation dans des coupes à dessert. Réfrigérez 2 heures. Saupoudrez de chocolat noir râpé avant de servir bien frais avec des biscuits. Vous pouvez également accompagner ces mousses de crème fouettée ou de glace à la vanille.

Cocktails et rafraîchissements

Earl Grey d'été

Pour 1 litre

1 bâton de cannelle
1 c. s. de thé Earl Grey
250 ml de jus d'orange
2 c. c. de zeste d'orange râpé
3 c. s. de sucre (facultatif)
quelques glaçons
1 orange en fines rondelles

1 Mettez la cannelle, le thé, le jus d'orange, le zeste d'orange et 750 ml d'eau dans une casserole.

2 Laissez chauffer à feu doux jusqu'au point d'ébullition. Sucrez à votre convenance, retirez du feu et laissez tiédir à température ambiante. Filtrez le liquide dans une carafe et gardez-le au réfrigérateur jusqu'au moment de servir.

3 Servez avec des glaçons. Décorez de rondelles d'orange.

Soda aux deux citrons

Pour 750 ml

1 citron jaune
1 citron vert
2 c. s. de jus de citron
170 ml de Lime Juice Cordial
625 ml d'eau gazeuse très fraîche

1 Avec un couteau aiguisé, pelez les citrons et retirez les peaux blanches. Dégagez les quartiers, coupez-les en morceaux et mettez-les dans un bac à glaçons. Couvrez d'eau et congelez au moins 3 heures.

2 Mélangez le jus de citron, le Lime Juice et l'eau gazeuse.

3 Versez ce mélange dans de grands verres et garnissez de dés d'agrumes glacés.

PRATIQUE Le Lime Juice Cordial est un concentré de jus de citron et de jus de citron vert sans alcool, très utile pour préparer coktails et autres boissons. En vente en grandes surfaces ou dans les épiceries fines.

Milk-shake à la vanille et aux fruits de la passion

Pour 750 ml

4 fruits de la passion
100 g de yaourt au fruit de la passion
500 ml de lait
1 c. s. de sucre en poudre
2 boules de glace à la vanille

1 Prélevez la pulpe des fruits de la passion à la petite cuillère et passez-la au chinois pour la débarrasser de ses pépins. Mettez-la dans le bol du robot avec le yaourt, le lait, le sucre et la glace. Mixez jusqu'à obtention d'un mélange mousseux.

2 Versez ce mélange dans de grands verres et servez aussitôt.

Milk-shake au melon

Pour 750 ml

500 g de melon pelé et épépiné
2 c. s. de miel
375 ml de lait
5 boules de glace à la vanille
noix de muscade râpée

1 Coupez le melon en dés et mixez-le 30 secondes.

2 Ajoutez le miel, le lait et la glace. Mixez à nouveau 10 à 20 secondes. Le mélange doit être homogène. Servez saupoudré de noix de muscade.

Lassi au citron vert et à la noix de coco

Pour 750 ml

400 ml de lait de coco
185 g de yaourt nature
60 ml de jus de citron vert
60 g de sucre glace
glace pilée

1 Mixez le lait de coco, le yaourt, le jus de citron et le sucre pour obtenir une boisson homogène.

2 Servez aussitôt avec de la glace pilée et des tranches de citron vert pour décorer.

PRATIQUE Si la qualité de votre mixeur ou de votre robot le permet, mixez les glaçons avec les autres ingrédients.

Lait-de-poule à la pêche

Pour 900 ml

2 œufs, blancs et jaunes séparés
60 ml de lait
60 g de sucre glace
80 ml de crème fraîche
440 ml de nectar de pêche
2 c. s. de jus d'orange
noix de muscade râpée

1 Battez les jaunes d'œufs, le lait et la moitié du sucre dans un récipient puis faites cuire ce mélange 8 minutes au bain-marie, au-dessus d'une casserole d'eau frémissante, jusqu'à épaississement. Retirez du feu, couvrez et laissez refroidir.

2 Battez les blancs d'œufs pour obtenir une mousse légère. Ajoutez le reste du sucre, puis montez les blancs en neige ferme. Dans un autre saladier, fouettez la crème fraîche pour la raffermir.

3 Transférez les blancs en neige et la crème fouettée dans la crème anglaise refroidie et mélangez délicatement. Incorporez enfin le nectar de pêche et le jus d'orange. Couvrez et réservez 2 heures au réfrigérateur.

4 Fouettez légèrement la préparation avant de la verser dans les verres et saupoudrez de noix de muscade.

Spider à la glace à la vanille et à la canneberge

Pour 1 litre

500 ml de jus de canneberge
500 ml d'eau gazeuse
4 boules de crème glacée à la vanille
185 ml de crème fraîche
1 c. s. de sucre en poudre
20 g d'amandes effilées grillées

1 Mélangez le jus de canneberge et l'eau gazeuse dans une carafe. Déposez une boule de glace dans chaque verre. Versez le liquide sur la glace.

2 Fouettez la crème et le sucre pour obtenir un mélange ferme. Garnissez chaque verre de crème fouettée et décorez d'amandes effilées.

PRATIQUE La canneberge est une plante marécageuse des régions froides. Ses fruits, plus gros que les airelles, sont très acides. Ils entrent dans de nombreuses recettes d'Europe du Nord (Finlande, Suède, Norvège). Le jus de canneberge se vend dans les épiceries fines.

Milk-shake d'été

Pour 750 ml

350 g de melon
2 pêches pelées
150 g de fraises
4 feuilles de menthe
125 ml de yaourt brassé
125 ml de jus d'orange
1 à 2 c. s. de miel

1 Épluchez le melon, retirez les pépins et détaillez-le grossièrement.

2 Mixez le melon, les pêches, les fraises et les feuilles de menthe jusqu'à obtention d'un mélange homogène.

3 Ajoutez le yaourt, le jus d'orange et le miel. Mixez à nouveau. Servez rapidement.

Nectar de cassis

Pour 1,2 litre

750 ml de jus de pomme-cassis
500 ml d'eau gazeuse très fraîche
1 c. s. de sucre en poudre
150 g de myrtilles
quelques glaçons

1 Mixez le jus de pomme-cassis, l'eau gazeuse, le sucre et les myrtilles pour obtenir un mélange homogène.

2 Servez aussitôt dans de grands verres, avec des glaçons.

PRATIQUE Si la qualité de votre robot le permet, mixez les glaçons avec les autres ingrédients.

Milk-shake à l'abricot

Pour 750 ml

75 g d'abricots secs
125 g de yaourt à l'abricot
170 ml de lait de coco allégé
315 ml de lait
1 c. s. de miel
1 boule de glace à la vanille
2 c. s. de copeaux de noix de coco grillés

1 Faites tremper les abricots 15 minutes dans 200 ml d'eau bouillante. Égouttez-les et découpez-les grossièrement puis mettez-les avec le yaourt, le lait de coco, le lait, le miel et la glace dans le bol du robot. Mixez jusqu'à obtention d'un mélange mousseux.

2 Versez cette préparation dans de grands verres et décorez de copeaux de noix de coco.

Milk-shake au chocolat

Pour 500 ml

125 ml de lait froid
100 g de chocolat noir râpé
1 c. s. d'extrait de vanille
2 c. s. de crème fraîche
6 boules de glace au chocolat

1 Mixez le lait, la moitié du chocolat, l'extrait de vanille, la crème fraîche et 4 boules de glace jusqu'à ce que le mélange soit onctueux.

2 Versez la boisson dans deux grands verres, déposez 1 boule de glace sur chaque verre et décorez avec le reste de chocolat râpé.

Milk-shake à la banane et aux dattes

Pour 700 ml

250 g de yaourt nature allégé
125 ml de lait écrémé
50 g de dattes dénoyautées et hachées menu
2 bananes en tranches
8 glaçons

Mixez le yaourt, le lait, les dattes, les bananes et les glaçons dans le bol du robot. Servez aussitôt.

PRATIQUE Si votre robot n'est pas assez robuste, pilez les glaçons dans un mortier et ajoutez-les au moment de servir.

Jus d'orange à la cardamome

Pour 750 ml

3 gousses de cardamome
250 ml de jus d'orange
le zeste de 1 orange
2 c. s. de sucre en poudre

1 Pilez les gousses de cardamome pour les ouvrir puis mettez-les dans une casserole avec le jus d'orange, le zeste d'orange, le sucre et 500 ml d'eau. Faites chauffer 10 minutes. Portez alors à ébullition puis retirez aussitôt du feu.

2 Laissez refroidir puis faites infuser 3 heures au réfrigérateur. Filtrez la boisson avant de la servir dans de grands verres avec de la glace pilée.

Virgin Mary

Pour 800 ml

750 ml de jus de tomate
2 c. s. de jus de citron
1 c. s. de sauce Worcestershire
1 pincée de noix de muscade moulue
quelques gouttes de Tabasco
12 glaçons
2 tranches de citron coupées en deux
sel et poivre du moulin

1 Mélangez le jus de tomate, le jus de citron, la sauce Worcestershire, la noix de muscade et le Tabasco dans une carafe.

2 Mettez les glaçons dans le bol du robot et mixez 30 secondes pour obtenir de la glace pilée.

3 Versez la boisson dans quatre verres, ajoutez la glace pilée et les tranches de citron. Salez et poivrez avant de servir.

Cocktail glacé mangue-mandarine

Pour 750 ml

1 petite mangue épluchée, dénoyautée et coupée en cubes
500 ml de jus de mandarine
125 ml de Lime Juice Cordial (voir p. 312)
375 ml d'eau gazeuse très fraîche
2 c. s. de sucre en poudre
quelques glaçons

1 Congelez les cubes de mangue environ 1 heure pour qu'ils soient presque glacées.

2 Mélangez le jus de mandarine, le Lime Juice Cordial, l'eau gazeuse et le sucre dans une carafe.

3 Déposez quelques cubes de mangue et quelques glaçons dans chaque verre avant d'y verser la boisson.

Milk-shake aux fruits rouges

Pour 800 ml

250 g de yaourt allégé à la fraise
125 ml de jus de canneberge (voir p. 322)
250 g de fraises équeutées et coupées en quatre
100 g de framboises surgelées
50 g de framboises fraîches

1 Mixez le yaourt, le jus de canneberge, les fraises et les framboises surgelées jusqu'à obtention d'un mélange mousseux.

2 Versez ce mélange dans quatre verres glacés et décorez de framboises fraîches. Servez avec des cuillères car cette boisson est assez épaisse.

Milk-shake à la fraise

Pour 600 ml

250 ml de yaourt à boire à la fraise
250 g de fraises équeutées
4 boules de crème glacée à la fraise
quelques gouttes d'extrait de vanille
quelques glaçons

1 Mixez le yaourt, les fraises, la crème glacée et l'extrait de vanille pour obtenir un mélange mousseux.

2 Mixez les glaçons pour obtenir de la glace pilée et déposez celle-ci au fond des verres avant de verser le milk-shake.

Boisson à la banane

Pour 1 litre

750 ml de lait de soja très frais
125 g de yaourt de soja
4 bananes bien mûres
1 c. s. de miel
1 c. s. d'extrait de vanille
1 c. s. de cacao en poudre

1 Mixez le lait de soja, le yaourt, les bananes, le miel, l'extrait de vanille et le cacao pour obtenir un mélange homogène.

2 Servez dans de grands verres avec des cuillères car cette boisson est très épaisse.

Thé glacé à l'orange et au gingembre

Pour 750 ml

I petite orange
I c. s. de thé Darjeeling
250 ml de boisson au gingembre
2 c. s. de sucre
4 à 6 glaçons
quelques feuilles de menthe

1 Prélevez le zeste de l'orange et découpez-le en fines lanières. Mettez-en la moitié dans un récipient avec le thé et 500 ml d'eau bouillante. Couvrez et laissez infuser 5 minutes avant de filtrer ce mélange.

2 Versez le thé dans une carafe, ajoutez la boisson au gingembre, le sucre et le reste de zeste d'orange. Mélangez bien. Réfrigérez au moins 1 heure.

3 Versez la boisson dans deux grands verres, ajoutez les glaçons et décorez de feuilles de menthe.

Sirop d'orgeat au citron

Pour 1 litre

110 g d'orge perlé
3 citrons
125 g de sucre en poudre
glace pilée
quelques tranches de citron

1 Lavez l'orge et mettez-le dans une petite casserole. Récupérez le zeste des citrons et mettez-le dans la casserole. Pressez les citrons et versez le jus dans la casserole. Ajoutez 1,75 litre d'eau froide et portez à ébullition. Laissez frémir 30 minutes. Incorporez alors le sucre et remuez. Laissez refroidir.

2 Filtrez ce mélange et récupérez le liquide dans une carafe. Servez sur de la glace pilée avec des tranches de citron.

Citronnade maison

Pour 2 litres

685 ml de jus de citron
310 g de sucre
quelques glaçons
quelques feuilles de menthe

1 Mélangez le jus de citron et le sucre dans une carafe. Agitez pour que le sucre soit bien dissous.

2 Ajoutez 1,25 litre d'eau et mélangez bien. Réservez au réfrigérateur.

3 Servez sur des glaçons et décorez de feuilles de menthe.

Milk-shake des îles

Pour 500 ml

3 fruits de la passion coupés en deux
1 grosse banane coupée en morceaux
250 ml de lait écrémé très froid
60 g de yaourt nature allégé très froid

1 Récupérez la pulpe des fruits de la passion à la cuillère et mettez-la dans le bol du robot. Ajoutez la banane, le lait et le yaourt. Mixez le tout en plusieurs impulsions et assez rapidement pour éviter qu'il y ait trop de mousse. Le mélange doit être onctueux et les pépins des fruits de la passion finement broyés. Ajoutez du lait si la boisson vous semble trop épaisse.

2 Versez dans de grands verres et servez aussitôt avec des cuillères.

Milk-shake aux fruits des bois

Pour 800 ml

150 g de fraises des bois
60 g de framboises
200 g de mûres
250 ml de lait
3 boules de glace à la vanille

1 Mixez les fraises, les framboises, les mûres, le lait et la glace jusqu'à obtention d'un mélange homogène. Réfrigérez au moins 30 minutes.

2 Servez dans de grands verres, sur de la glace pilée.

Chocolat glacé

Pour 375 ml

2 c. s. de sauce au chocolat
375 g de lait très froid
1 boule de glace à la vanille
crème chantilly prête à l'emploi
chocolat en poudre

1 Nappez les parois du verre de sauce au chocolat et réfrigérez 30 minutes. Versez le lait froid et ajoutez la glace.

2 Décorez de crème chantilly et de chocolat en poudre juste avant de servir.

Boisson à la citronnelle

Pour 600 ml

3 tiges de citronnelle
2 tranches de citron
3 c. s. de miel

1 Supprimez les deux premières feuilles de la citronnelle et jetez le haut de la tige (ou réservez-le pour un autre usage). Découpez le reste en rondelles.

2 Mettez la citronnelle dans une carafe et versez 600 ml d'eau bouillante. Ajoutez les tranches de citron, couvrez et laissez infuser 1 heure. Filtrez et sucrez à votre convenance avec le miel. Réfrigérez au moins 1 heure.

3 Versez la boisson dans les verres. Décorez de tranches de citron et de tiges de citronnelle ou servez nature. Ajoutez un peu de glace pilée si vous le souhaitez.

Limonade à la framboise

Pour 2 litres

300 g de framboises fraîches ou surgelées, décongelées
310 g de sucre
500 ml de jus de citron
1,5 l d'eau gazeuse très fraîche
glace pilée
quelques feuilles de menthe

1 Mixez les framboises et le sucre jusqu'à obtention d'un mélange homogène.

2 Filtrez ce mélange pour en ôter les pépins et mettez le jus récupéré dans une grande carafe.

3 Ajoutez le jus de citron et l'eau gazeuse. Servez aussitôt avec de la glace pilée et quelques feuilles de menthe pour décorer.

Milk-shake noix de coco-passion

Pour 750 ml

140 ml de lait de coco
250 ml de lait très froid
25 g de noix de coco séchée
1/4 c. c. d'extrait de vanille
3 boules de glace à la vanille
170 g de pulpe de fruit de la passion

1 Mixez le lait de coco, le lait, la noix de coco, la vanille, la glace et la moitié de la pulpe de fruits de la passion jusqu'à obtention d'un mélange mousseux.

2 Incorporez le reste de pulpe de fruit de la passion et servez aussitôt.

Boisson de l'effort

Pour 500 ml

500 ml de lait très froid
2 c. s. de miel
2 œufs
1/2 c. c. d'extrait de vanille
1 c. s. de germes de blé
1 banane en tranches

Mixez le lait, le miel, les œufs, la vanille, les germes de blé et la banane jusqu'à obtention d'un mélange onctueux. Servez très frais.

Thé glacé menthe-agrumes

Pour 1,5 litre

4 sachets de thé à la menthe
115 g de miel
500 ml de jus de pamplemousse
250 ml de jus d'orange
quelques brins de menthe

1 Faites infuser 3 minutes les sachets de thé dans 750 ml d'eau bouillante. Sortez-les et sucrez avec le miel. Laissez refroidir à température ambiante.

2 Ajoutez le jus de pamplemousse et le jus d'orange. Couvrez et réservez au réfrigérateur. Servez dans de grands verres avec des brins de menthe pour décorer.

Boisson à la menthe, au gingembre et à l'ananas

Pour 600 ml

20 g de feuilles de menthe
1 c. s. de sucre
1 c. s. de jus de citron
250 ml de jus d'ananas
250 ml de Ginger Ale ou de Canada Dry
quelques glaçons
quelques feuilles de menthe en supplément

1 Hachez grossièrement les feuilles de menthe et mettez-les avec le sucre dans une carafe résistant à la chaleur. Froissez la menthe avec une cuillère en bois. Ajoutez le jus de citron, le jus d'ananas et 125 ml d'eau bouillante. Mélangez, couvrez et laissez infuser 30 minutes.

2 Filtrez cette boisson avant de la mettre au réfrigérateur.

3 Ajoutez le Ginger Ale au moment de servir et mélangez bien le tout. Servez sur un lit de glace et décorez de feuilles de menthe.

Lait malté aux fruits

Pour 750 ml

150 g de fruits frais mélangés (fruits de la passion, mangue, banane, pêches, fraises, myrtilles)
250 ml de lait
2 c. c. de germes de blé
1 c. s. de miel
60 g de yaourt à la vanille
1 œuf (facultatif)
1 c. s. de poudre de malt

1 Mixez les fruits, le lait, les germes de blé, le miel, le yaourt, l'œuf et la poudre de malt jusqu'à obtention d'un mélange homogène.

2 Versez dans de grands verres et servez aussitôt.

Thé glacé à l'américaine

Pour 2 litres

4 sachets de thé de Ceylan
2 c. s. de sucre
2 c. s. de jus de citron
375 ml de jus de raisin noir
500 ml de jus d'orange
375 ml de Ginger Ale
ou de Canada Dry
glace pilée
rondelles de citron

1 Faites infuser le thé 3 minutes dans 1 litre d'eau bouillante. Sucrez après avoir retiré les sachets. Laissez refroidir.

2 Versez le jus de citron, le jus d'orange, le jus de raisin et le Ginger Ale. Servez sur un lit de glace pilée avec une rondelle de citron.

Milk-shake à la cannelle

Pour 750 ml

375 ml de lait
185 ml de crème anglaise prête à l'emploi
3 c. c. de miel
2 c. c. de cannelle moulue
3 boules de glace à la vanille
cannelle moulue en supplément

1 Mixez le lait, la crème anglaise, le miel, la cannelle et la glace jusqu'à obtention d'un mélange mousseux.

2 Versez le milk-shake dans de grands verres et saupoudrez de cannelle. Servez aussitôt.

Mousse chocolat-cerise

Pour 750 ml

500 ml de lait
55 g de cerises confites
25 g de noix de coco séchée
1 c. s. de sauce au chocolat
3 boules de glace au chocolat
quelques cerises confites en supplément

1 Mixez le lait, les cerises, la noix de coco, la sauce au chocolat et la glace jusqu'à obtention d'un mélange mousseux.

2 Versez ce mélange dans de grands verres, ajoutez quelques cerises pour décorer et servez aussitôt.

Table des recettes

Hors-d'œuvre

Plats principaux

Accompagnements

Desserts

Coktails et rafraîchissements

Traduction : Catherine Pierre
Adaptation : Élisabeth Boyer
Mise en page : Penez Éditions
Relecture : Philippe Rollet

Marabout
43, quai de Grenelle - 75905 Paris Cedex 15

Publié pour la première fois en Australie en 2002
sous le titre *Cool Food*

Dépôt légal n° 43695 / mars 2004
ISBN : 2501-041-90-9
NUART : 4019931/01

Imprimé en Espagne par Graphicas Estella